社会学する
原動力
TOWARD
SOCIOLOGIES
田中慶子
中根光敏
松籟社

社会学する原動力

まえがき——社会学する原動力

田中慶子

1　はじめに

ここから先は一方通行だ。「知る」ということは、「知らなかった」自分に戻れなくなる。もちろん、学問的知識だけでなく、どんな知識だって一方通行である。一旦知ってしまえば、人間は決して知る前には戻れない。「これから社会学を学んでみよう」「社会学ってどんな学問か知りたい」と考えている人たちへ向けた入門書の冒頭にあえて「一方通行」と書くのは、大学で初めて社会学を学んだ人たちが「知らなければよかった」「夢がなくなるよね」とぼやいているのをよく耳にするからだ。でも、大学で一緒に社会学を学んだ同級生たちには、卒業して何年も経ってから「今になってやっと社会学のゼミで言われたことが分かった」と私に嘆く人たちが何人もいる。

そのため、社会学について「一方通行でもかまわないから知りたい」「どうせいつか知ってしまうなら、今のうちに知っておきたい」と考えている人たちに向けて、本書は書かれている。

本書の構成は、以下のようになっている。

まえがき――社会学する原動力
第1章　〝社会学の歌〟を聴け
第2章　ファッションと感情労働の社会学
第3章　消費主義社会を考える
第4章　労働問題の医療化――「うつ病」という労働災害の登場
第5章　消費される労働
あとがき
付録　論文の書き方

それぞれは独立した論考として書かれているので、どの章から読み始めてもかまわない。読んでもらえば分かると思うが、各論考の内容は関連しているところが多いので、「労働」を軸に第四章→第二章→第五章と読み進めても、「消費」を軸に第三章→第二章→第五章という順番で読んでもいいだろう。また、どうしてもすぐに論文やレポートを書かなければならない人は、「付録」から読んでもかまわない。

ただ、本書で初めて社会学という学問にふれる人や、大学進学で社会学を専攻するかどうか迷っている人は、ぜひ、このあとの「まえがき」とあわせて第一章を読んでから、他の章へと読み進めて欲しい。

2　「社会学」に関する質問

社会学を専攻していると、たびたび質問されることがある。そんな応答から始めたい。

質問：社会学って初めて聞いたんですけど、日本史や世界史を勉強するんですか？

応え：社会学は、高校までの日本史や世界史とは違い、過去に起こった事柄や決まった答えを暗記する学問ではない。どちらかと言えば、社会学は、現代社会で生起している出来事や社会問題をテーマとすることが多く、現場でフィールドワークをして（文献を読んで覚えるだけでなく）他者と議論しながら自分自身で考えていく学問である。

質問：社会学はどんな就職先に有利になるんですか？

応え：社会学を学ぶことで、特定の職業に役立つということはないし、何系の就職に有利になるわけでもない。もし、「経済学を学ぶと金融関係の仕事に就くのに有利」になり、「法学を学ぶと法律関係の仕事に就くのに有利」になるなど、と言っても良ければ――実際にはそんなことはありえないのだが――、社会学を学ぶことは、どんな仕事に就くにも有利になる、と言い放ってしまっても良いかもしれない。けれども、正直に言えば、大学で（社会学を含めて）どんな文系の学問を学んでも、就職に有利になるような知識や技能を身につけることはできないし、まして就職の切り札になるような資格を得ることなどできない。

質問：社会学は何を学ぶところ？

応え：要するに、「社会学って何？」という質問である。この種の質問に、私はどう応えたら良いのか、いつも迷ってしまう。だから、自分が社会学という学問をしている理由を言うことで、質問に対する応えに代えている。私の場合、「自分が生きている現代社会が生きづらくて気に入らないから」「なぜ、生きにくいのか」「生きにくい社会はどう成り立っているのかを知りたい」と思ったら、社会学という学問に行き着いた。だから、「社会学とは、自己と社会との関係性が形成されていく仕組みを明らかにしようと試みる学問です」と応えている。

3 社会学との出会い

私が社会学という学問を知ったのは、高校一、二年生の頃だったと思う。家に届いた『知恵蔵』をめくっていたら、社会学者・宮台真司のコラムが目にとまった。内容を簡潔に要約すると、「生きづらさを抱えつつも終わりなき日常を生きろ。まったり生きろ」ということであった。私は生きづらさは理解できても、「終わりなき日常」「まったり生きろ」の意味が分からず、繰り返しコラムを読んだ。新聞やニュース番組を見ていると、私が生きる社会は不安だらけの先行き不透明な状況で、この内容を理解できれば不安は解消されて役立つはずだ、と思い込んでいたからだ。

一九九〇年代後半〜二〇〇〇年代初頭は「平成の大不景気」で、大手一流企業がリストラを実施し、雇用が流動化し、「どこの企業で働いていても安定がない」という状況に陥っていた。また、一年間の自殺者が三万人を超えたことから、自殺者の急増が社会問題化し始める。その頃、「Dr.キリコ事件」が起き、「自殺」がメディアで大きく取り上げられるようになる。

「Dr.キリコ事件」とは、一九九八年一二月に電話での口コミで知り合った男性から青酸カリを受け取った女性が服薬自殺し、青酸カリを送った男性（ネット上のハンドルネーム・Dr.キリコ）も後に服薬自殺する事件である。当初、自殺幇助事件として報道されたが、後に自殺幇助が目的ではないことが明らかになる。その後、匿名のネット上で知り合った複数名に青酸カリが送られていたこと、青酸カリが自殺防止のお守りとして送られていたこと、「多くの人たちがDr.キリコを必要としていたのに、青酸カリを飲んだ女性によってDr.キリコは自殺に追い込まれた」と非難する人々も現れ、メディアは不可解な事件として連日報道した。

矢幡洋によれば、Dr.キリコである男性は、インターネット上で自殺志願者の相談に乗る医師を演じており、例えば「睡眠薬を一〇〇錠飲んだら死ねますか」という内容には「それだけでは死ねません。無理です」と答えるなど、実際のところ自殺を引き留める役割をしていたという。また、相談内容から青酸カリを送っても服薬自殺せずに生きやすくなる人とならない人に振り分け、服薬自殺しないと判断した人にのみ青酸カリを送付していた。送付する理由は、生きにくい世の中を生きていくために、いつでもこれを飲めば死ねるのだから、もう少し頑張って生きてみようと思える「自殺防止のお守り」になると考えていたからである。Dr.キリコ自身、青酸カリを持つことによって自殺を先送りできていたことが発端となって、「生き延びるための青酸カリ」と理解できると考えられる人にのみ郵送した。しかし、Dr.キリコは女性の服薬を聞き、送付相手の判断を誤った責任をとるために自殺した、という［矢幡、一九九九］。

二〇〇〇年前後の時期、若者を特集するメディアでよく取り上げられていた言葉に、「孤独」「心の闇」「居場所」があった。当時、コギャル（女子高校生ギャル＝ミニスカート・ルーズソックス・細眉・ガングロ・金メッシュ・ヤマンバメイクなど）ブームで、メディアでは彼女たちのファッションが理解不能な社会現象として報道された。加えて、女子高生の援助交際も社会問題として報道されていた。それに対して、コギャルや女子高生たちが「見た目は派手でも本当はチョー寂しい」「たくさん友達いても孤独」「悩みを言うのは恥ずかしいし、ダサいっしょ」「援助交際する理由は居場所がないから。一瞬でも誰かと繋がっていたい」などとメディアで反論し、マスコミは「若者の心が分からない」「闇を抱える若者」という内容で報道した。同時期、歌手の浜崎あゆみが女子高生のカリスマとして人気を博していたのだが、音楽評論家は彼女の歌詞を分析し、「孤独」や「居場所探し」がテーマとなっている曲が多いために、若者の心情を上手く捉えていると評価していた。実際、女子高生の街頭インタビューでは、「あゆ（浜崎あゆみ）は自分のことを歌ってくれてるから、共感して泣く」と答える者が多かった。

これらの現象や言説から解釈するに、私が社会学と出会う頃の社会は、大人も若者も、「自分の価値は一体何なのか」「自分の存在意義は何であり、誰がどのように評価を下すか分からない」「理解しようとしても理解できない」といった先行き不透明な社会だったといえよう。一流大学を出て企業に就職してもリストラ対象になってしまい、再就職する先が見つかるかどうかも分からない不安。派手な格好をして大勢の友達と騒いでいても悩みを打ち明けられない孤独。居場所を見つけるための援助交際。ネットで見ず知らずの者同士が自殺願望を語り合い、生きていくためのお守りとして青酸カリを所有する。一年間の自殺者三万人超えの社会——。当時、高校生だった私は、「努力しても裏切られ、誰も信用できない、そんな空虚な社会を人が生きていくのは、何のために?」「自殺する人、生きる人、敗者、勝者……、私はどこにたどり着くのだろう」「そもそも生き延びるって何から?」と、正体がはっきりしない漠然とした不安や生きづらさを抱えるようになっていた。

そんなとき、私は本屋へ行き、藤井誠二・宮台真司著『美しき少年の理由なき自殺』(一九九九年)をたまたま見つけ、買って読んでみた。本には『知恵蔵』に書いてあった内容がより詳しく説明されており、「まったり」生き延びる手段や、当時の社会を社会学的視点から分析する内容が書かれていた。しかし、宮台の言うまったり生き延びる手段は、私には合わなかった。この本の内容を要約すると、「この社会は成熟社会だから何か大きな変化が起こることはないはずだ」「その場その場を楽しくやり過ごすしかない」「意味にとらわれるのではなく、感じるのだ」と生きづらさの解決策が書かれてあった。でも、成熟社会だからと期待せずに生きていくことや、ただ単純に楽しいと感じて生きていくことは、「何のために？」という意味や動機を考えてしまう私にはできなかったのである。ただ、自分の生きている社会がどのように成り立っているのか、どのような状況であるのかを分析できる学問は、「社会学である」と知ったことを今でも鮮烈に覚えている。

そこで、また本屋で宮台真司の『これが答えだ！』（一九九八年）を購入する。この本を読むことで、私は社会学という学問に対して疑問を抱くようになる。「何をすればいいのか」、自分に当てはまるような何かが書かれているのではないかという私の勝手な期待は、見事に外れた。

4　社会学で何を学ぶか

私はいま「労働社会学」「感情社会学」「感情労働論」という分野で研究しているが、大学生の頃は「感情労働」などを学ぶ授業もなく、「労働社会学」は自分とは関係のない授業として履修していたのだから、不思議なものである。とりわけ、労働社会学は私とは全く無関係で関心が持てない科目として認識していたのだ。

そんななか、私が労働社会学の分野で研究することになったきっかけは、自殺の研究をしようと思ったことにある。動機は、高校生の頃に考えていた漠然とした将来に対する不安が解決していないこと、Dr.キリコのように自殺から逃げきれなかった人や生き延びる手段が自殺する手段であった事に対する共感、そしてなぜ人はこんなつまらない世の中を生きていけるのか／生きねばならないのか、という苛立ちと諦めを解決したかったからである。

この自殺を研究しようとする動機がなぜ労働と結びついたのか？　私が研究テーマとしたのは、電通過労自殺事件（本書第四章参照）であったからである。労働問題に関わる「過労自殺」という社会問題に着目したのだ。このテーマにたどり着いたのは、私が大学院に進学してからだ。

自殺の研究といっても、なぜ自殺したのかを本人に聞くことはできない。「死人に口なし」なのだから……。だから、自殺に関連する問題は、結局、生きている人間を研究することになる。生きている人間を研究する際、私は生きづらさを抱える人に関心があった。自殺したいと思う人々がどんな生きづらさを抱えているのかを通じて、「どのような社会の仕組みの中で人が生きているのか」を知りたいと考えた。そこで、何人かの自殺志願者と話をしようと試みたのだが、相手が人を選んで話す内容を選んでいたり、内容を変えていることに気づく。また、初対面で会うなり突然「あなたには話したくない」「あなたに私の辛さは分からない」と、調査自体が成立しなかった。この調査が上手くいかなかったことで、私は肝心なことに――最初から分かっていたはずなのに忘れていたことに――気づいた。自殺したいと思う人たちが必ずしも自殺するわけではないのだ。私は研究の仕方を練り直すことにした。

その頃の日本では、抗うつ薬の新薬発売に伴ってうつ病啓発キャンペーンが実施されていた。ＣＭでは「こころ晴れてますか?」「うつ病はこころの風邪」といった台詞が流れ、精神科への偏見を払拭しようとしていた。そのＣＭやキャンペーンを通じて、うつ病とは何かに関心を抱いて精神科医の書いた本を調べると、電通過労自殺事件をきっかけにうつ病対策がなされているようであることが分かった。そこで、私は研究テーマを過労自殺に絞ることになり、労働環境や過労自殺の裁判判例を読むことを通じて「労働」に関心を持つようになった。

そうして、私は過労自殺をテーマに研究していくうちに、次に「感情労働」「感情社会学」というテーマに出会うことになる。

5　自分自身の経験を活かす

人は他人と接さずに生きていくことはできない。公共交通機関、コンビニやスーパー、ドラッグストア、飲食店、アパレルショップ、ホテル、病院、学校などなど、どこでも他者と接することになるし、それらの接し方も関係性も様々だ。ただ、必ずそこには労働者がいて、自分も労働者であることもあれば、消費者や客として他者と接することもあるだろう。そして、労働者同士でトラブルが起きたり、消費者や客からのクレーム対応に追われ責任者を探したり、上司に叱られたり、部下に腹が立ったりと、自分の所属する職場で人間関係がこじれることもある。しかし、それが嫌だから辞めるとなると、次の就職先を見つけなければならないし、年ごとに求人も異なれば年齢的に転職が不可能な状況になってしまうことも多々ある。仕事が見つからなければ、収入がなくなって生活が困難になってしまう。また、その仕事先で友人や仲間ができたことで、その人たちに会うために辞めたい仕事を続けるというケースもある。生活を営むため、仕事で腹が立っても悲しくても楽しくても、何があっても働き続けようとする人々もいる。

それならば、人はどのように感情を管理しながら（辞めたい気持ちを抑える方法、怒りたくても我慢する方法、愛想笑いをする方法、人から好印象を抱かれる方法などなど）働いているのかを明らかにできたら、会社というものが徐々にハッキリと見えてくるのではないかと思ったのだ。ならば、調査として実際に自分が働いてみようと思い立ち、かつて自分が登録していた派遣会社に出向き、携帯電話販売のイベントコンパニオンとして働き始めた。[★1]この仕事は、日雇い派遣なのので毎回仕事があるわけではないし、派手で露出の多めなミニスカートなどの衣装を着なければならず、派遣先企業の男性社員からセクシャルハラスメントを受けたり、男性客から盗撮されたりすることもあったけれども、私には興味深い仕事でもあった。

いろんな人たちが交錯する労働現場では、沸き上がる感情も様々なものになるし、感情を作っていかないといけない。誰に好かれれば勝者になって、嫌われたら敗者になって居場所を奪われることになるのか——。このことに注意を払いながら仕事を遂行する。こうした複雑な人間関係は、学校で起きるイジメの構造に近い。子どもだろうが大人だろうが、学校だろうが職場だろうが、イジメはどこででも起こりうる。実際、決して少なくない人たちが「どうすればイジメの対象とならずに生き延びられるのか」と汲汲としている。こんなことを考えていく

★1　このテーマに関する研究は、［田中、二〇一三a］［田中、二〇一三b］［田中、二〇一四］［田中、二〇一九（発行予定）］を参照。

と、私が社会学に興味関心を持ったことは「生き延びる方法」に繋がることに気づく――。解決策とまでいかなくとも、人々の生きづらさや苦しみの発端を浮かび上がらせることが、私の研究する動機であり、社会学をすることだと思うからである。

6　社会学する原動力

このように、私が社会学を続けている動機は、今の社会がどのようになっていて、どんな社会で人々（自分も含む）が生きているのかということを解明し終えていないからだ。社会学の醍醐味は、一つ何かを明らかにしたら、また異なる不可思議な出来事に直面し、それを明らかにしたら、さらに違う課題が次々に浮かび上がってくるところにあると思う。

もちろん、知ることによって知らない方がよかったと後悔することもある。「そんな仕組みになっていたなんて……」と。知って後悔することと、知らずにいること、どちらを選ぶか。

研究をしていると言われることがある。

役に立つ研究をしてくださいね。あなたの研究は社会に役立ちますか？

まるで、役に立たない人間は無意味で無価値と言わんばかり、「私は自分を含めてこの社会が嫌いなので、自分の研究が役に立たなくてもいい」と思うことさえある。ただ、私の研究が役に立つかどうかは、私ではなく他者が決めることだ。「そういうあなたは何か社会の役に立っているのですか？」と問いたい感情をコントロールして、やり過ごすしかない。

社会学は、医者のように身体の悪いところを手術で切り取って解決する学問ではない。社会のここがおかしいので直しましょうとは、簡単にはいかないのだ。社会学が取り組む課題は、容易に解決策が見出せないものだ。誰もが生きやすくて楽しくて平穏無事に生きられる社会が来れば、社会学をする動機はなくなるかもしれないけれども、そんな社会を夢見ることさえ難しいのが現実の社会だ。

だから私は、「こんなつまんない社会」と思いながら生きている自分を含めて、社会で起きている問題や現象を社会学している。社会で苦悩している人々の声や声なき声に耳を傾け、それらを理解し、社会の問題として共有しようと試みていくことこそが、そもそも私が社会学する原動力だからだ。

文献

藤井誠二・宮台真司、一九九九、『美しき少年の理由なき自殺』メディアファクトリー
宮台真司、一九九八、『これが答えだ！――新世紀を生きるための100問100答』飛鳥新社
田中慶子、二〇一三a、「搾取される笑顔――日雇い制派遣イベントコンパニオンのジェンダー化された感情労働を事例として」『Core Ethics』九
田中慶子、二〇一三b、「労働のフレキシブル化に関する一考察――日雇い派遣イベントコンパニオンの労働現場を事例として」『日本労働社会学会年報』二四
田中慶子、二〇一四、『どんなムチャぶりにも、いつも笑顔で?!――日雇い派遣のケータイ販売イベントコンパニオンという労働』松籟社
田中慶子、二〇一九（発行予定）、「消費される女性労働――日雇い派遣イベントコンパニオンを事例として」『解放社会学研究』三三
矢幡洋、一九九九、『Dr.キリコの贈り物』河出書房新社

目次

まえがき――社会学する原動力……田中慶子　5

第1章　〝社会学の歌〟を聴け……中根光敏　29
1　Trouble is My Favorite
2　「覆い隠しているヴェールを取り除く」＝思い込みから自己を解き放つ
3　〝社会学の歌〟
4　〝今・ここ〟で揺蕩う

第2章　ファッションと感情労働の社会学……田中慶子　61
1　「洋服を買う」ということ
2　セレクトショップ「X」、プレタポルテ・ブランド「Y」と「Z」の概要
3　アパレル販売員の感情労働
4　ファッションを愛するからこその苦悩と歓び

第3章　消費主義社会を考える……中根光敏　97
1　新しい消費行動を模索し続ける現代社会
2　物の道具的機能／モノの記号的機能
3　同じ嗜好を共有する仲間のような関係
4　オタク的消費／マニア的消費
5　消費ゲームを降りる恐怖——アイテム消費
6　消費における「人間性の喪失」？
7　消費主義社会と社会的排除
8　オルタナティヴの困難

第4章　労働問題の医療化——「うつ病」という労働災害の登場……田中慶子　147
1　電通過労自殺裁判
2　自殺の責任は個人／企業のどちらにあるか
3　遺族側のクレイムと電通側の対抗クレイム
4　精神医学的知識とその判決におけるクレイム
5　「メンタルヘルス対策」の起点としての電通裁判

第5章　消費される労働……中根光敏　181
1　「働く」という経験
2　近代的労働観とその特殊性
3　労働市場のフレキシブル化
4　消費される労働
5　ポスト・フォーディズムにおける労働観
あとがき……中根光敏　223
付録　論文の書き方……中根光敏　(1)

凡例

・★1、★2……は註を表し、註記は近傍の左ページに記載した。

・引用文中および会話データの〔　〕は筆者による補足を表す。

・〔中略〕は筆者による省略を表す。

・文献情報は［　］でくくり、［著者名、発行年：参照頁］の形で表した。
当該文献は論末の文献一覧に記載している。

社会学する原動力

第1章　〝社会学の歌〟を聴け

中根光敏

1　Trouble is My Favorite

人々は普通、自ら進んでトラブルに巻き込まれようとしないし、できるだけトラブルを避けたいと考えている、と思われている。けれども、人間関係のトラブルで悩んでいる人たちは、大抵、友人たちとの集いやＬＩＮＥやＳＮＳなどでコミュニケーションに勤しんだことで、トラブルを抱え込んでいる。他人と関わりさえしなければ、人間関係のトラブルに巻き込まれることはない。誰からも好かれたいとか仲良くしたいなどと思わなければ、誰かに嫌われても仲良くできなくても、思い悩むことはない。人間関係だけではない。人々は一般に、平穏無事な日常生活を維持していきたいと思う一方で、それまで体験したことがないような刺激的な体験を求めたりする。多くの人は、人間関係のトラブルさえ避けようとするけれども、何のトラブルにも遭遇しない人生が幸福だとは限らない。もちろん、幸福とは個々人の主観で判断される状態であって、当人が幸福だと思っていれば——他の人たちがそれを不幸だと思っていたとしても——幸福だ。ただ、社会学という学問に関わってきた経験から、トラブルに遭遇することは、刺激的な体験をする以上に、貴重な経験をもたらしてくれる。そんな経験から始めよう。

目的地へ向かう途中、昼食をとるために立ち寄った集落で聞いた情報が「道路は通行できない」「大型車でなければ通行可能だ」などとハッキリしないために、軍の駐屯所で尋ねてみたところ、軍人さんから「我々も知りたいから後ろからついてこい」と言われて、そうすることになった。先導する軍の四輪駆動車について一時間余り走った。次第に道路状況が怪しくなってきて、軍のクルマが停車したところで、道路は土砂崩れで通行できなくなっていた。

同行しているガイド兼通訳が「ここから引き返して、別のルートを通っていくと、目的地まで二二時間かかる」「クルマだけ引き返させて、徒歩で山を下りれば、クルマを呼べるので、数時間で目的地へ行ける」「どちらにするのか？」と言う。徒歩で山を下りることに決めるまでに数秒かかった。

臨時のポーターにスーツケースを預けて山道の案内をしてもらい、山を下りていった。ここは、インドネシアのスマトラ島のガヨ山脈である。こうした自然災害などの偶発的な出来事が起こると、日銭を稼ぐために臨時で荷物運びをする人たちが現れるのは、決して珍しいことではない。彼らに「普段は何の仕事をしているのか？」と尋ねると、大抵「これといって決まっていない、いろいろ」という返事が返ってくる（この時もそうだった）。

土砂崩れは、クルマが通れなくなっていた箇所だけでなく、十数カ所に渡って発生していた。既に重機で復旧作業を行っているところもあったが、道路が復旧するまで一体どのくらいかかるのかを予測するのも困難なほど酷い土砂崩れだった。

歩いている途中で一度、携帯電話が鳴った。こんな山の中でもケータイが繋がることに少々驚きながら着信表示を見ると、時々利用するセレクトショップの店員からだ。「新しい商品が入ってきたので、近いうちに店に来て欲しい」という営業だった。日本を発って三日目、電話によって、改めて自分がスマトラ島にいることを実感する。

何度か遭遇した土砂崩れの箇所では、崩れている土砂の上に残されている足跡を慎重に辿り、作業している重機のショベルを避けながら進んだ。道路にそって山を下りていくこと一時間余りで、難所に遭遇したようだ。それまで、通訳とポーターとの三人で山中の道路を下りてきたが、その道路の途中で、そこに道があるとは思えない鬱蒼とした崖地の前に、二〇人ほどの人集りができていたのである。皆、そこから下へ降りていこうとしている人たちで、それぞれ自分の順番がくるのを待っているようだ。

「何とか道路伝いに行けないものか」と道路の少し先まで行ってみると、なんとも見事としか言いようがない土砂崩れで、道路自体が跡形もなくなって、草木も流されて抉られた山膚があらわになった斜面が見えた。大規模な土石流が起こったような光景だった。どう見ても、そこを通るのは不可能だ。もう覚悟を決めて、先の人集りへもどり、順番を待って、徒歩で山を下りると言うよりも、鬱蒼とした崖地を下へ向かって滑っていった。雨期の霖《ながめ》によって、粘土質の土がたっぷりと水分を含んだねちねちの状態で滑りやすくなっていたので、急斜面では、枝につかまり、木の根を足場として、擦り傷を負い、泥だらけになりながら、ところどころ一緒に降りている人たちの手に助けられながら、山を滑り降りるしかなかった。

擦り傷だけで、何とか無事に崖地を降りて、道路に出た。首から提げている高度計をみると、四〇〇メートルほどを一時間余りで下ったようだ。こんな難所がまだまだ続くのかと考えると、「大丈夫だろうか」「クルマで引き返しておくべきだったのでは」という思いも浮かんだが、もちろん後の祭りだ。今、滑り降りてきた崖地を登っていくなど、到底考えられない。そんな不安が頭の中を過《よぎ》っているうちに、二輪バイクが寄ってきて、通訳が私に「あれに乗って先に行って」「後から行くから」と言う。バイクの尻に乗って数分、山奥に一軒だけ建っている茶屋みたいな店[★1]がある場所に到着した。どうも幹線道路にあるサービスエリアのようだ。数分遅れて通訳もポーターもバイクの尻に乗ってやってきた。

気が付けばもう日が落ちかかり夕暮れになっている。これくらいの時間になると、熱帯でも標高一〇〇〇メートルを超えれば肌寒く感じられる。茶屋で注文したインスタントラーメンの麺を自家製スープで煮込んだものを啜《すす》って身体を暖めながら一息いれていると、深刻な顔をした通訳が隣に座り、「騙された」「ひどい」などと――日本語で――言いながら、頭を抱えている。「どうした?」と訊けば、(長くなるので要約すると)「クルマで目的地まで行くのに、ポーターとグルになって、法外な値段をふっかけられた」「(目的地にいる)知り合いに電話して相談しようとしたけど、つながらない」と言う。

★1　スマトラ島には、幹線道路沿いにサービスエリアの役割を果たす茶店のような場所が点在している。大抵の店では、食事やスナック菓子や飲料水だけでなく、電池や電球など生活用品も売っていて、日本の「何でも屋」(最近はめっきりみかけなくなった)に近いが、カフェ的な役割も果たしている。

一〇分ほど待って、通訳にふっかけられた値段を確認し、「行こう」と声をかける。こんな山奥で一晩すごすわけにはいかない。

大型のワゴン車の後部座席に通訳と私が乗り込み、運転手とその仲間がもう一人乗り込んで、目的地を目指した。途中、日はすっかり暮れ、街灯のない真っ暗な山道（三分の一くらいは舗装されていないオフロード）を休憩無しに四時間弱走って、何とか日付が変わる前に、目的地の街に無事到着した。そこでも、また新しいトラブルが待っていそうな予感がしたが、結局、その通りだった。

この時の調査は、出発前からトラブルに見舞われていた。

現地の案内人から「山火事で航空機の国内線運航状況が不安定だ」との情報が入り、クルマを使って陸路で二日かけて目的地へ向かうというルートを選択したのだ。スマトラ島に入って分かったのは、「山火事」というのは、パームオイルを生産するために、非合法な焼畑＝「大規模な放火」が頻発したことによる森林火災で、スマトラ島周辺のシンガポールやマレーシア上空にまで煙害が及んでいる、という事情だった。パームオイルは、マーガリンやインスタント麺やスナック菓子など加工食品、洗剤などに使用され、いま世界で最も多く消費されている植物油脂で、近年その需要が急速に拡大している。インドネシアやマレーシアなどで大規模なアブラヤシ農園開発が進められており、熱帯林破壊など環境破壊が深刻な社会問題となっている。

さて、ここまでの記述は、二〇一五年一〇月三〇日～一一月八日までの期間で、インドネシアのスマトラ島において「グローバル化によるコーヒー文化の変容」を調べるために実施した調査[★2]に関して、アチェ州のタケンゴンというコーヒー産地へ向かった場面を記録から文章化したものだ。

随分前に読んだ本の中で、ハーバート・ブルーマー[★3]が以下のように書いていたことを思い出した。

調査研究者は、研究しようとする社会生活の領域に関して、直接に馴染んではいない。

★2　この調査にもとづいた研究は［中根、二〇一八c］参照。

★3　Herbert Blumer（一九〇〇～一九八七年）は、「シンボリック相互作用論」を提唱したことで知られているアメリカの社会学者である。シンボリック相互作用論とは、人間間の社会的相互作用・相互行為の場面を行為者が抱く意味という視角から捉えようとするものである。

彼は、その領域への単なる参加者にすぎず、そこに巻き込まれている人々の行為や経験に関して、密接な関係は持っていないのである。〔中略〕その領域を、自由かつ充分に探索したいという要求がない。そこに巻き込まれている人々と親密になり、彼らが出くわすさまざまな状況との関連でその領域を見て、彼らがそれをどう処理するかを観察し、彼らの会話に加わり、彼らが生活していくさまを眺めるということへの要求がない。[Blumer, 1969=1991:45-48]

たとえ調査研究者が研究しようとする社会生活の領域に関して直接に馴染みたいと考えたとしても、すぐに馴染めるとは限らない。また、どんな調査であっても目的地を含めて何らかの目的を持って実施するわけだから、調査目的以外の場所や出来事の経験に潜在している重要な事柄を見逃してしまうことは多くある。

もし、当初の計画通りに目的地へとたどり着いていれば、冒頭から書いてきたトラブルに遭遇することはなかった。ただ、トラブルに遭遇することによって、それまで考えてもみなかった事柄が重要な課題として浮上してくる。

これまで、ガヨ山脈では標高七〇〇メートルを超えるくらいから大抵コーヒーの木が栽培されていて、一〇〇〇メートルを境にして水田がなくなっていく光景を見てきたけれども、この時は、標高一四〇〇メートルから一〇〇〇メートルまで降りていく際に、コーヒーの木だけでなく農地を見ることはなかった。土壌の問題なのか、あるいは土地の権利・所有に関係しているのか？

スーツケースを運んでくれたポーター、崖下から茶屋までバイクに乗せてくれた男、クルマでタケンゴンまで送ってくれた運転手たちは、「物資の輸送」を主たる生業にしているのか？もしそうであれば、主として何を何処から何処まで運んでいるのか？

通訳が「法外な値段をふっかけられた」と言った額は、都市部（メダンやバンダアチェ）[★4]の物価に照らせば「安い」、目的地のタケンゴンの物価に照らせば「妥当かな」と思われる金額だった。だから、通訳の「法外な値段」という物言いからは、同じガヨ山脈の山奥であっても、ポーターとクルマを調達した地域とタケンゴンとは、かなり大きな物価の差があることになる。この差は、いつ頃からどのように生じたのか、またコーヒー（栽培）は関係しているのか？

全く別の文脈であるけれども、ライト・ミルズ[★5]は、トラブルに関して以下のように書いて

★4　メダン Kota Medan はスマトラ島最大の都市で北スマトラ州の州都、バンダアチェ Kota Banda Ace はアチェ州の州都。

いる。

人々は普通、自分たちが抱えこんでいるトラブルを、歴史的変動や制度矛盾といった観点から捉えようとはしない。また、享受している幸福について、自分たちが暮らしている社会全体の大きな浮き沈みに関わるものだとは考えない。普通の人々は、自分たちひとりひとりの生活パターンと世界史の流れとの間に複雑なつながりがあることにほとんど気づかない。両者のつながりは、人々がどんな人間になってゆくか、そしてどんな歴史形成に参加することになるかということに対して何かしらの意味をもっている。だが普通の人はいつもそれに気づくわけではない。彼らには、人間と社会、個人史と歴史、自己と世界の関わり合いを理解するうえできわめて大切な思考力が欠けているのだ。個人的なトラブルにうまく対処するには、その背後でひそかに進行している構造的転換をコントロールする必要がある。しかし、彼らにはそれができない。［Mills, 1959=2017:16］

少々大袈裟に考えてみれば、土砂崩れに遭遇することになったのは、世界各地でパームオイルの需要が高まっていることから、一儲け企んだ者たちによって非合法な焼畑（放火）が横行し、大規模な煙害が発生したことで、飛行機での移動を避け、陸路で目的地へ向かったためで、熱帯雨林の破壊という環境問題にも繋がっているのだ。

ただ、多くのトラブルを、誰もが避けたいと考えているわけではない。ある人にとっては退っ引《のっぴ》きならないようなトラブルであっても、それが別の人にとってはめぐってきたチャンスだったりする。そしてもちろん、そういうことに気付いたからといって、「個人的なトラブル

★5　Wright Mills（一九一六〜一九六二年）は、「社会学的想像力」という概念を提唱したことで知られているアメリカの社会学者である。
「人々が必要としているもの、あるいは必要だと感じているものとは、一方で、世界でいま何が起こっているのかを、他方で、彼等自身のなかで何が起こりうるのかを、わかりやすく概観できるように情報を使いこなし、判断力を磨く手助けをしてくれるような思考力である。こうした力こそが、ジャーナリストや研究者、芸術家や公衆、科学者や編集者が切望しているものであり、社会学的想像力とでも呼ぶべきものである。」［Mills,1959=2017:19］
社会学的想像力とは、個々の人間が抱えている問題や欲望や苦悩や衝動を人間社会という普遍的文脈に位置づけて理解しようと努めていく知的職人の試みである。

にうまく対処」できるとは限らない。なぜなら、W・ミルズの言葉に従えば、トラブルにうまく対処するのに必要とされるのは「背後でひそかに進行している構造的転換をコントロールすることであるけれども、構造的転換を知ることとコントロールすることは、全く別のことだからだ。直面している土砂崩れが、グローバルな環境破壊の問題と繋がっていることを知っていても、選択肢は、クルマで引き返すか／徒歩で山を下りるか、どちらかしかないのだから……。でも、トラブルに遭遇したからこそ、自分が経験した問題を単に私的なものではなく、社会に関わる問題として考えてみるチャンスが与えられたのだ。

2 「覆い隠しているヴェールを取り除く」＝思い込みから自己を解き放つ

最初は単なる趣味だったコーヒーを研究するようになったのは、自家焙煎珈琲店へ弟子入りするスタイルで調査してからだ[★6]。研究を始めると、調査のフィールドは、日本国内の珈琲専門店やコーヒー業界、コーヒーに関連した地域文化から西欧・アジアのカフェへ、そしてアジア屈指のコーヒー生産国であるインドネシアのコーヒー文化まで拡がっていった[★7]。

調査のフィールドが拡張していくのと並行して、コーヒーに対する関心も拡がっていった。

「美味しい珈琲を飲みたい」という私的欲望から始まった関心は、まず、「何故、市販されているほとんどの珈琲が不味いのか」という疑問から「美味しい珈琲を作る技術」が探求され、伝承されてきた珈琲店や職人へ向けられた。次に、「美味しい」という味覚がどのように構成されていくのか、つまり、単なる好み（個人の主観）――「私はこの珈琲が「美味しい／不味い」と思う」――ではなく、共同主観――「この珈琲は美味しい」という普遍性――が構成されていく社会的・歴史的プロセスへと向かっていった。

もともとイスラム神秘主義の修行僧（スーフィー）たちに愛飲されたと言われている珈琲は、民間療法で使用されるクスリのようなものとしてイスラム教圏へ広まっていった。つまり、美味しさが求められたのではなく、「眠気覚まし」「欲望の減退」など心身をスッキリさせる効能で愛飲されていった。

一七世紀にヨーロッパにもたらされると、珈琲は、「美味しさ」を求める嗜好品として定着

★6　この調査にもとづいた研究は［中根、二〇〇五、二〇一三、二〇一四］参照。
★7　コーヒー研究に関しては、論末で示した拙著を参照。

していくことになる。コーヒー・ハウス（カフェ）が増殖したロンドンでは、「新聞（ジャーナリズム）」「保険会社」「証券取引所」「郵便制度」などがカフェを起点として誕生した。そして、ヨーロッパのカフェは、封建的身分の境界がない公共空間として、近代市民革命で重要な役割を果たしていった。それまでイエメンに限られていたコーヒー栽培は、コーヒー需要が拡大していくと、一八世紀にオランダが植民地下ジャワ島で成功し、後に「コーヒーベルト」と称されるように世界中の熱帯地域へ広がっていくことになる。

こうした植民地コーヒーの誕生と普及は、コーヒーの「暗黒の歴史」と呼ばれている。コーヒーは、世界最大規模で取引されている農作物であり、石油に次ぐ輸出入品目である。石油産出地が豊かなイメージを有しているのに対して、コーヒー生産地には悲惨な貧困イメージが纏綿《てんめん》している。今では「フェアトレード・コーヒー」という言葉をどこかで目にしたり聞いたりしたことは誰でもあるだろう。

再びH・ブルーマーを引用しよう。

　私の好きな比喩は、起きているものごとをあいまいにさせ、覆い隠しているヴェールを取り除く、というものだ。科学的研究の使命は、研究しようとしている集団生活の領域を覆い隠しているヴェールを取り除くことである。このヴェールは、いかなる程度においてであれ、直接の知識をあらかじめ作られたイメージで代替することによっては、取り除くことができないのである。このヴェールを取り除くには、その領域に接近し、注意深い研究を通してそれに深く入り込まなくてはならない。〔中略〕これは、単純に、その領域に近づいていってそれを見る、というような問題ではない。それはきわめて注意深く誠実な探索と、創造的だが訓練された想像力と、研究における潤沢な資源と機知と、発見しようとしているものごとの熟考と、自分自身のその領域についての見解やイメージをたえず検証し改正することを通して行われる、頑固な仕事である。［Blumer, 1969=1991:50］

コーヒー生産地の多くが貧困状態にあることは紛れもない事実であるけれども、生産地が一律に貧困状態にあるわけではない。

土砂崩れに遭遇してトラブルを経て目指したタケンゴンという産地は、スマトラ島で最高品質のコーヒーが栽培されている地域である。スマトラ島で生産されるコーヒーは、マンデリンという名称で消費されているけれども、タケンゴン産のコーヒーは、マンデリンの中で最も高い市場価格で取引され、珈琲マニアの間ではガヨ・コーヒーとして知られている。そして実際に訪れたタケンゴンには、少なくとも貧困というイメージは当てはまらない。標高一二〇〇メートルにあるラウト・タワール湖を取り囲む山々には、ほとんどコーヒーの木が植えられており、湖畔に位置する街には多くのカフェが営業している。それらのカフェの多くは、「サードウェーブ・コーヒー・ブーム」[★8]と呼ばれる世界的な流行に影響を受けた自家焙煎珈琲店[★9]で、二〇一一年から年一度くらいのペースで訪れる度に増殖している。

H・ブルーマーが言うように、「覆い隠しているヴェールを取り除く」ためには、「その領域に接近」するだけではなく、「自分自身のその領域についての見解やイメージをたえず検証し改正する」「頑固な仕事」が必要なのだ。それは、自分自身の中に作られた思い込みから自己を解き放つために、トラブルのような出来事を経験し続けていくことだ。別の言い方をすれば、自らが遭遇した出来事を通じて、自己を絶えず問い直していくように試みることだ。

3 〝社会学の歌〟

まだ四月だった。学部の三回生から始まった二回目の演習後、友人Mと私は、ゼミの先生から「話がある」と言われ、喫茶店へついていった。そこで、先生から言われた。

　君らはもうゼミには来んでええ。遠慮してくれへんか。コンパと旅行だけ付き合ったらええわ。その代わり、木曜日の午後から大学院の授業に出なさい。学部のゼミは親交を深めるためにやってるだけだから、君らみたいにうるさいこと言うのは向かん。

演習であまりにも不甲斐ない報告をした同級生たちを二人でこっぴどくやり込めたのが、先

★8　サードウェーブ・コーヒー・ブームとは、二〇〇〇年前後から始まった世界的な流行現象である。コーヒーの大量生産が可能となった一九世紀後半の流行がファーストウェーブ、一九七〇年代後半にシアトル系カフェが増殖した流行がセカンドウェーブと呼ばれている。サードウェーブの特徴は、コーヒー豆の品種、産地・農園、栽培・精製方法などの情報を提供することで、それらの違いによって異なる香味を楽しむ新しい飲用スタイルを生み出したことにある。

★9　自家焙煎珈琲店とは、客に提供する珈琲豆を店内で焙煎している珈琲店のことであるが、サードウェーブ系のカフェの多くは、店内にショップ・ロースターと呼ばれる小型の焙煎機を客に見せるために設置している。詳細は［中根、二〇一四］参照。

生には迷惑だったのだ。今から思えば、「学問的な議論を戦わせるのが大学のゼミ」と大きな勘違いをしていたのだ。その後、すぐに大学院のゼミへ参加することになってから今まで、社会学という学問に関わり続けてきたことになる。

大学院のゼミは、学部とは全く異質な世界だった。参加している大学院生の学年・年齢はバラバラで、最年長は私と干支が同じで一二歳年上だった。毎週木曜日一三時に、一〇人程度が集まり、珈琲を飲みながら報告者たちが自分の研究テーマを発表する。参加者の研究テーマは、同じ大学院のゼミとは考えられないほど、バラエティに富んでいた。

発表の後に議論という一般的なスタイルが毎回二～三回繰り返されるが、途中休憩を挿《はさ》みながらゼミは一八時過ぎまで続けられる（後で知ったが、三つの大学院講義を一緒にやっていたのだ）。ここで第一部が終了となり、大学を出て電車で繁華街の居酒屋まで移動し、第二部が始まる。第二部は、参加者それぞれが大抵終電に間に合うギリギリの深夜まで行われ、散会となる。時々終電を逃せば、深夜喫茶で始発までということになる。もちろん、第二部は、必ず参加しなければならないわけでなく、途中でもいつでも帰って良いという自由な雰囲気だったけれども、ほとんど休むことなく、大抵最後まで参加し続けた。

それにしても今から思えば、参加者それぞれの研究テーマが驚くほどバラバラだったのに、よく毎週厭《あ》きもせず延々と長時間議論したものだ。大抵、議論は、発表者の研究テーマに対する関心の有り方へ向かっていくにつれてヒートアップしていった。「どうしてそのようなテーマに関心を持つのか」という発表者自身の研究視角、つまり「自己」が問われるのだ。大仰な言い方をすれば、参加者の多くは、「自分自身の思想や哲学を探求したい」と考えていて、「一般的な社会学にはほとんど関心がない」という実に不思議なゼミだった。

まだカラオケボックスなどない時代、ときどきカラオケサービスのある飲み屋へ行くと、青春ドラマをきっかけに大ヒットした誰でも知っている挿入歌を、〝社会学の歌〟と称してよく歌っていた。その歌は、「素朴」「純真無垢」「清純」な青春ソングという一般的なイメージで知られている。けれども、その歌詞をじっくり読んで、おとなの社会的な文脈にあてはめてみると、何とも意味深長な歌である。

手前勝手な解釈を披露してみよう。

> 人は誰でも、悲しいときや空しいときに、誰かを誘って近くにいてほしいと思う。別に、何かを話したいわけでもないし、同情して欲しいわけでもない。欲しいのは、ただ肌と肌が触れ合うぬくもりだけだ。言葉なんか必要としない、そんな何気ない関係だけが幸福になれるのだ。だって、人は誰でも一人じゃ生きられないから……。

できれば、思想や哲学のように、世間一般と距離をとり、超俗的境地から孤高を持して、物事を格好良く考えてみたい。けれども、社会学という学問は、通俗に流れる人々の経験を手掛かりとして初めて成立する実証科学である。〝俗臭芬芬たる学者〟というのは、「品が悪く、非常に俗っぽく感じられる学者」という意で、軽蔑的な表現として使用される。けれども、社会学は、俗世間にまみれて行うもので、研究しようと試みる（他者たちの）領域に深く入り込まなければならないのだ。孤高と程遠い社会学の研究スタイルは、結局、「誰も一人では生きられない」という何とも凡庸な意気地無しに甘んずるしかない。ただ、格好悪くても、「思い込みから自己を解き放つ」ために、結局、俗世間に這い蹲《つくば》って社会学という学問をするしかない、という諦めの境地とそこに居直る覚悟がカラオケで歌う〝社会学の歌〟には込められていた。

4 〝今・ここ〟で揺蕩《たゆた》う

人間社会に対して何らかの関心を抱くことから社会学的思考は始まる。ピーター・バーガー[★11]は、人々が対象に対して抱く様々な関心について、「ある関心が他の関心よりも論理的に優先されるということはありえない」と前置きしてから、「社会学への招待とはきわめて特殊な情熱への招待なのである」と言っている［Berger, 1963=2017:47］。なぜ、特殊な情熱なのか？

ランドル・コリンズ[★12]は、学問に必要とされるものを簡潔に述べている。

どんな学問も次の二つのことをめざさなければならない。すなわち、明快であること、そして当たり前でないこと、である。

真の知識は伝達できるものでなければならない。つまり、ひとにわかるように言い表すことができなければならない。しかも、何か言うに値すること、これまで知られていなかったことで、それを知れば知る前とは何かが違ってくるようなことがそこにふくまれていなければならない。［Collins, 1982→1992=2013:iii］

★10 実際に社会で起こった出来事や現象などを対象として、研究する学問。

★11 Peter Berger（一九二九〜二〇一七年）は、「社会的現実は意識の一形態である」という主張で知られるアメリカの社会学者である。

★12 Randall Collins（一九四一年〜）は、アメリカの社会学者・推理小説家である。

社会を研究対象とする社会学がもたらしたある知識がそれを「知る前とは何かが違ってくる」のであれば、その知識は「社会の別様のあり方」を提示してしまうことになる。だから、ルーティンのように繰り返される当たり前の日常生活を平穏無事に送りたいと思っている人たちにとって、社会学的パースペクティヴがもたらす知識は余計なものかもしれないし、甚《はなは》だしく迷惑かもしれない。知るということは一方通行で、知ってしまえば知らない前には決して引き返せない。「知らなければ良かった」と思っても、後の祭りだ。

社会学は、〝今・ここ〟にある社会を理解しようと試みる学問である。

今は、過去と未来との狭間に位置する時間感覚である。すなわち、過去を振り返ってつくられた歴史と、来たるべき／起こりうる将来を想定した未来との狭間にあるのが今だ。当たり前のように思われるかも知れない。けれども、〝今〟は、かなり複雑な概念だ。

過去たる歴史は、不変な事実ではなく、人々の営為によって作り直されていくものだ。かつて万能だと絶賛された科学技術であっても、後の時代では取り返しがつかない環境破壊をもたらすデーモンと化しているかもしれない。未来には、前途洋洋な理想郷《ユートピア》が想定されることもあれば、地獄郷《ディストピア》や終末観が想定されることもある。そして実のところ、歴史も未来も、それが人々に抱かれる——共同的な主観として構成される——のは〝今〟だ。社会学が研究対象とする社会は、研究者自身がまさに生きている現代＝同時代社会 contemporary society でなければならない。

一方、〝ここ〟は、社会学者自身が含まれている社会である。仮に、同じフィールド（地理的空間）を研究対象としても、異社会・異文化を外から研究する文化人類学などの学問と、研究者自らが含まれたものとして研究する社会学ではスタンスが異なる。例えば、研究者自身が在る〝ここ〟を日本社会と想定しているのであれば、インドネシアのスマトラ島は〝ここ〟ではない。実際、冒頭で引いた事例を読んだ人たちの中には、「文化人類学の調査みたいだ」と思う人もいるだろうし、フィールド調査と称してやっていること自体は大して変わらないかもしれない。けれども、コーヒー文化を社会学の研究課題として設定すれば、スマトラ島だけでなく、世界中のコーヒー産地（だけでなく消費地も含めて）は、研究者にとって〝ここ〟なのだ。

〝今・ここ〟にある社会を理解しようとすることは、自分自身が社会の中で依って立っている土台を崩し、自らが当たり前だと思って疑ってもみなかった自明性を解体することに繋がっていく。

社会学的発見という経験は地理的移動を伴わない「文化衝撃《culture shock》」である、と言うことができるだろう。［Berger, 1963=2017:45］

例えば、自分が「男／女である」「普通である」「ノーマルである」という自明性は、何を根拠にそう断言できるのか？　犯罪は、猟奇的事件であればあるほど、事件に関するマスメディアの情報にどうして多くの人々が魅了されるのか？　誰もが「戦争はよくない」と言うのに、何故、戦争は止まないのか？　どうして不正ばかり繰り返している政治家が選挙で当選するのか？　嘘吐きは反倫理的だとされているのに、おとなになればなるほど、嘘を吐く頻度が増していくのは何故なのか？　もし、誰にも騙されないような人生があるとしたら、果たしてそんな人生を生きたい人なんて居るのだろうか？

　自らの自明性が解体するような発見は、自分の思い込みから解放されることであっても、その衝撃は誰にとっても心地よいものではないかもしれないし、そもそも衝撃など受けたくないと思っている人たちも多いだろう。Ｐ・バーガーが「特殊な情熱」と言ったのは、その発見がどのような衝撃をもたらそうとも、とにかく知りたいと、人間社会の探求に魅了されるということに他ならない。

　ただ、社会学思考には終わりがない。〝今・ここ〟は、捉えた途端に、別の〝今・ここ〟が現れるからだ。

あらゆるものは通りすぎる。誰にもそれを捉えることはできない。〔村上、一九七九→二〇〇四：一五二〕

スティール・ヴェンカテッシュ★13は、シカゴで上手くいった調査手法がニューヨークで全く通用しなくて行き詰まった経験に関して、興味深い記述をしている。

学校で教えたり論文を書いたりするときに一片の疑いも抱かずに繰り返し口にしている言葉が、今ではどうしようもない思い上がりに思えた：貧しい人たちは君やぼくと同じ世界に生きている。それを明らかにするのが社会学者の仕事だ。そしてアナリーズ〔調査協力者＝インフォーマントの一人〕が今ぼくに不都合な真実を突きつけた。現実の生活の中では、懐具合の面でも教育の面でもレベルの低い人たちを研究しているのがぼくは間違いなく居心地いいみたいだ。ぼくはそんなこと認めたくなかった。認めるのはつらかった。で

★13 Sudhir Venkatesh（一九六六年〜）は、都市エスノグラフィー研究で知られるアメリカの社会学者である。

も本当だった。ぼくは人を枠に押し込めるよう訓練され、ヤクの売人と風俗嬢とお金持ちの子弟と遊び人を区別するようにしつけられた。実際、学問としての社会学全体はこんな前提の上に成り立っている：個人はそれぞれ、自分の小さな世界と経済を持っており、そんな世界や経済は研究したり追求したりすることができて、だから人びとの社会的役割を記録しようと思ったら、変わらない人を見つけ出すのが賢いやり方だ。〔Venktatesh, 2013=2017:38〕（傍点原文）

シャイン〔調査協力者＝インフォーマントの一人〕がぼくに、車を手に入れて街を一巡りしてみろと言ったのはこのときが最初だった。あんまりにも平凡で当たり前だったので、そのときは真面目に聞く気になれなかった。

「おまえはたゆたわないといけないな」とシャイン。句読点みたいに「兄弟《ブロ》」と付け足す。

「たゆたう？」

シャインはバーテンダーを指さした。「あいつみたいにな。あいつ、昔は芸人だったんだ。それからトラック野郎になった。農場でも働いたし、野球もやった。で、今はここにいる」

「車はどこででてくるの？」

彼はちょっと顎を胸にうずめて目を細めた。ぼくの頭が悪すぎて喩えがわからなかったってことか？

「わかったよ」そう言っといた。［Venktatesh, 2013=2017:58-59］

S・ヴェンカテッシュに対する調査協力者たちからの助言は、彼が気付きたくなかった自分自身の倫理的欺瞞と、彼が社会学者として身につけてきた方法の無力さを暴露し、それまで当たり前だと疑ってもみなかった自明性を解体することを迫るものだった。「たゆたう」と訳されている〝Float〟には「転々とする」「浮かぶ」「漂う」「浮遊する」「ふらふらする」「ひらひら舞う」などに加えて「迷う」「ぐらつく」「ためらう」の意味もある。「たゆたわないといけないな」と言われたS・ヴェンカテッシュは、一旦、ぐらつき躊躇し、迷うことで、既に揺蕩《たゆた》っていたのだ。

シャインはぼくを追い立て続けた。「もっとあっちこっち行かんとだめだ、わかってんのか？　ずっと言ってるだろ、なのにお前ときたら聞きゃしねぇ。」今やっとシャインとアナリーズはぼくに同じことを教えてくれてるんだとわかった。それまで会って研究対象にしたニューヨークの人たちもそうだ。彼らはみんな、同じほうを指さしていた。じっと動かず変わらない生活に焦点をあてるのでなく、動きと変化に目を向けろ、そう言っていた。かれらは境界線を引く代わりに、境界線を乗り越えている。錨を下ろせる場所を見つけてそこでずっと仕事をするのでなく、どこかで新しいチャンスを見つければ錨を引き上げ、チャンスを掴むべくどこだろうと新しい場所に錨を降ろす、そんなことをしょっちゅうやっている。ぼくも同じようにやらないといけなかったのだ。ニューヨークはシカゴとは違う。だからニューヨークにはニューヨーク流の社会学が要る。界隈ではない別の新しい概念が必要だし、溶け込むためには場所に囚われない新しいやり方が必要だ。ここでは人びとは動き回るのだ。［Venkatesh, 2013=2017:39-40］

街のいろんなところを渡り歩く間に人びとが作り上げたたくさんの人たちとの絆、それが彼らのコミュニティなのである。だから都会における人付き合いは地域の上に成り立つという考えを捨てるのが、ぼくの最初の1歩になった。［Venkatesh, 2013=2017:40］

P・ヴェンカテッシュが直面したように、新しい社会的現実＝〝今・ここ〟を理解せんと試みる際、従来のやり方は通用しないかもしれない。従来のやり方が通用しないのは、社会学者だけでなく、〝今・ここ〟で現実に立ち向かおうとしている人々も同じである。ただ、一般に人々は、自分たちが直面している現実を理解しようと思わないし、意識すらしないかもしれない。それでも人々は〝今・ここ〟で巻き込まれている現実から逃れることはできない。社会学的関心とは、そんな人々の経験を手掛かりとして、〝今・ここ〟に在る社会を理解したいという「特殊な情熱」なのだ。

さて、「不都合な真実」は、揺蕩うことを止め、従来のやり方で既成の枠組に現実を無理矢理に当て嵌《は》めて理解したつもりになるという誘惑と選択肢が、社会学者にいつでも用意されていることだ。また、〝今・ここ〟で揺蕩うことで得られた社会学的知見は、何の社会的関心も引かないかもしれないし、自分を含めて多くの人たちが望まないパンドラの箱のようなものかもしれない。それでも、船人を食い殺すセイレーンの歌声を聴きたいと魅了されたホメロスのように、まだ知らない現実を理解せんと〝今・ここ〟で揺蕩う者へ、〝社会学の歌〟は流れてくる。

文献

Berger, Peter, 1963, *Invitation to Sociology: A Humanistic Perspective*, Doubleday.（＝二〇一七年、水野節夫・村山研一訳『社会学への招待』筑摩書房）

Blumer, Herbert, 1969, *Symbolic Interactionism : Perspective and Mehod*, Prentice-Hall.（＝一九九一、後藤将之訳『シンボリック相互作用論――パースペクティヴと方法』勁草書房）

Collins, Randall, 1982→1992, *An Introduction to Non-Obvious Sociology (Second Edition)*, Oxford University Press.（＝二〇一三年、井上俊・磯部卓三訳『脱常識の社会学　第二版――社会の読み方入門』岩波書店）

Mills, Wright, 1959, *The Sociological Imagination*, Oxford University Press.（＝二〇一七年、伊奈正人・中村好孝訳『社会学的想像力』筑摩書房）

村上春樹、一九七九→二〇〇四、『風の歌を聴け』講談社

中根光敏、二〇〇五、「珈琲文化論序説」、狩谷あゆみ編『文化とアイデンティティをめぐるポリティクス』広島修道大学総合研究所

中根光敏、二〇〇八、「珈琲文化の社会学的記述に向けて――味覚の社会的構成／味覚の基準」、河口和也編『「文化」と「権力」の社会学』広島修道大学総合研究所

中根光敏、二〇〇九、「ブランド化するコーヒー」『広島修大論集』四九―二

中根光敏、二〇一三、「コーヒー文化の変容――生産地・スマトラ島と消費国・日本を事例として」、中根光敏・今田純雄編『グローバル化と文化変容』いなほ書房

中根光敏、二〇一四、『珈琲飲み――「コーヒー文化」私論』洛北出版
中根光敏、二〇一五、「第三波珈琲流行と地方の珈琲文化」『コーヒー文化研究』二二、日本コーヒー文化学会
中根光敏、二〇一六a、「珈琲はポップカルチャーである」『コーヒーと文化 一〇〇号記念特別号』いなほ書房
中根光敏、二〇一六b、「珈琲社会学の現代的課題」『コーヒー文化研究』二三、日本コーヒー文化学会
中根光敏、二〇一八a、「島根県浜田市における〝コーヒーの薫るまちづくり〟と第三波珈琲流行――「ヨシタケコーヒー」と「ソウル・台湾のカフェ文化」を中心として」、中根光敏・今田純雄編『グローバル化の進行とローカル文化の行方』いなほ書房
中根光敏、二〇一八b、「グローバルとローカルの協奏――ベルリンとライプツィヒのカフェ文化」、中根光敏・今田純雄編『グローバル化の進行とローカル文化の行方』いなほ書房
中根光敏、二〇一八c、「インドネシアのコーヒー文化――スマトラ島（タケンゴン・リントン）とジャワ島（ジャカルタ）を中心として」、中根光敏・今田純雄編『グローバル化の進行とローカル文化の行方』いなほ書房
Venkatesh, Sudhir, 2013, *Floating City: A Rogue Sociologist Lost and Found in New York's Underground Economy*, The Penguin Press.（＝二〇一七年、望月衛訳『社会学者がニューヨークの地下経済に潜入してみた』東洋経済新報社）

第2章　ファッションと感情労働の社会学

田中慶子

1　「洋服を買う」ということ

私が担当している演習で、学生に洋服を買いに行くのは好きかと訊ねたら、学生（女性）たちから次のような答えが返ってきた。

服を買いに行くのはあまり好きじゃない。押し売りみたいな人いるし、何か買わされそうって思って。買ってもないのに名刺くれる人が結構いるから、次行ったらその人に絶対何か買わされそうって怖い。自分は断りにくい性格だから、もうお店に入ること自体が苦手。試着したら絶対買わされそうだから、怖くてできない。買わされたんじゃなくて、自分で選んで買ったってならないと後悔するし、損した気分になって腹が立つ。お金ないから余計に。（二年生、女性）

買うつもりはないんだけど、どんな服があるのか見たくて店内に入ったら、店員に張り付かれて嫌だった。話しかけられたら、ゆっくり服を見られない。通販だといろんな服をゆっくり見られるし、サイズ表記見れば大体分かるから通販で買う。買いに行くのは苦手。（四年生、女性）

買いに行くのは好きだけど、店員に服をオススメされても本当に自分のこと考えてくれてるのかなって思うし、自分のこと色々聞かれて答えるのもしんどいから、ほっといて下さいって思う。でも、それが店員さんの仕事だと思うから、ほっといて下さいって言えない。最近は、インスタグラムとかで気になる物を見つけて、それだけ見に行く。そしたら、あまり面倒なことは聞かれないし、買った後に買わされたって後悔はない。（三年生、女性）

いろんな店に行っても、絶対自分のこと聞かれる。学生さんですかとか、どこか着ていく予定とかありますかとか。特にないですって答えるんだけど、尋問みたいで嫌。学生だって分かったら、高い服を下げて安い服持ってこられたりして、もう声かけが尋問だなって。また考えますって言ったら、名刺くれて、ノルマがキツイのかなって思ったから、そこでは買いたくない。服屋さんはあまり好きじゃないし、いいイメージがない。（三年生、女性）

お似合いですって言われても、似合ってるのか分からない時があって困る。買ってから失敗したって思うことがあって、合わせる服がない時とか。そしたらまた服買わないといけなくなって、お金がなくなる。お母さんは自分のもってる服を知ってるから、お母さんに似合うか、着回せるか見てもらう。店員の「お似合いです」よりお母さんの意見の方が信用できるし、そうやってたら店員は話しかけてこなくなるから楽。（四年生、女性）

私が、「どんなお店だったら服を買いに行くのが嫌じゃなくなるか？」と訊ねたら、「こっちが困った時だけ話しかけてくれる店員さんがいたらいい。それが良い店員さん」「本当にそう！そんな店があったら、気軽に服を買いに行ける」とみんなの答えが一致した。

私が学生の話を聞きながら驚いたのは、学生が販売員の接客に不満を抱いて、「洋服を買いに行くのが嫌い／苦手だ」と思っていたことだ。私も学生同様、洋服を買いに行くのは嫌いで苦痛なのだが、その理由は学生たちと異なる。この世の中にはいろんな種類の洋服が無数にあって、自分に似合う洋服が何なのか分からず、それでも選ぼうと四苦八苦している間に、疲れ切ってしまうのだ。例えば、セーターといっても、首回りの形状だけで、VネックUネック・クルーネック・タートルネック・ボトルネックなどがあり、素材・編み目・丈・デザイン・色、さらには値段も様々だ。ブランドやメーカー、店舗も膨大にある。そんな状況で自分に似合う物を選んで限られたお金で納得して買うというのは、私にとっては途方に暮れる行為である。学生が言うように、買って失敗した・損したと思っても、お金が有り余るほどあれば買い直しはいくらでもできるだろう。しかしお金はもちろんのこと、店を見て回ったり選んだりする時間にも限りがあるので、可能であれば、買い直す必要がないほど、自分に似合う納得のいく物を買いたい。

そんな私にとって、洋服販売の店員は学生が言うような嫌な人ではない。店員は洋服販売のプロ＝専門家であるから、分からないことを教えてくれる人だ。私は店に入って気になる洋服があると、試着して「サイズは合っているか」「肩の位置はおかしくないか」「顔映りはどうか」などを店員に尋ねて、意見を聞いたり、「どんな季節・コーディネートに向いているか」「洗濯はどのようにしたらいいか（水洗いやクリーニングに出せない服の手入れはどうしたらよいか等）」を質問して教えてもらう。店舗が取り扱っている洋服の知識に関する質問なので、店員が答えられて当たり前のことなのだが、時々、答えられない店員がおり、私はその際に学生と同じように「もうこの店で買いたくないな」と思う。商品説明できない物を売っているわけだから、洋服はもちろん、その店員もその店も信用できないと思うからだ。

また、私は試着して店員から「お似合いですよ」と言われたものの、鏡に映った自分を見て似合っているのかよく分からないと思った時、店員に「お似合いっていうのは、どんな風に似合ってますか？」「どんなイメージに近いですか？」と聞くことが多いのだが、この質問に黙り込んでしまう店員の場合も信用できないと思って買わない。それから、店員は様々な服のコーディネートの仕方を提案するが、私には忘れられない提案を受けたことがある。店員から「コレ（セーター）は何でも着回しがきくので、オススメです。あと、このジャケットも。一押しできるのは今二つだけです」と言われたので、オススメの服二つをハンガーで重ね合わせたり、私が着ていたジャケットの下にセーターを着てみたりしたところ、「あぁ、それはおかしいですね」「すみません」と焦りながら謝られたことだ。もちろん、店員も販売が仕事だから、売りたいという気持ちは分かるのだが、それを買って着るのは客である。自分の発した言葉に責任をもって分かりやすく相手に説明することができなければ、客はその店員を信用できないし、よくわからない商品にお金を払おうとは思わない。

学生の話と私の経験を併せてみると、店員が洋服と店のイメージを大きく左右するということが分かるのではないだろうか。

さて、本章の目的は、主にパリコレクションに参加しているレディースの高級既製服（プレタポルテ）を商材とする関西のセレクトショップ「X」と、青山に本店を構える日本人デザイナーズブランド「Y」と「Z」の店舗で働いている経営者兼バイヤーと販売員の労働を「感情労働」（販売員と顧客における人間関係の構築、店舗の顧客同士の感情と関係性、顧客と販売員における知識をめぐる感情管理）という視角から明らかにすることである。★1

プレタポルテを商材とする店舗労働者を取り上げるのは、近年、中国などの富裕層による爆買現象によって顧客が従来の日本人から外国人富裕層へと拡大すると同時に、日本のファッション業界・文化が欧米でも再評価され、消費・労働のグローバル化現象が起きていることが一つの理由である。

実際、本章で取り上げる各店舗の労働者に聞くところによると、「多額の商品を一気に購入していくのは外国人客で、日本人よりも外国人の方が買うために企業全体で見ると利益は上がった」と言う。利益が出ているのだから、店＝会社にとって問題はないとみることもできるが、販売員や経営者にとっては問題があるという。なぜなら、外国人客が常に店頭で高額の商品を大量に買い続けることは想像しがたく、景気や社会情勢によって変動するからである。そうなれば、日本人の顧客、なかでも常連客と新規の顧客を獲得し、いかに定期的に来店・購入の流れを作ってリピーターとするかが重要な課題となる。

本章で取り上げるショップ「X」「Y」「Z」は、パリコレクションに参加するブランドを取り扱い、デザイナーがシーズン（春夏・秋冬）ごとにテーマを変えて新作した服や服飾品を店頭に並べ、そのシーズンのみで販売し終える。また、各ブランドがそのシーズンに設定したテーマに合わせて店舗の内装やオブジェも変更するため、売れ残りを置いておくことは時代遅れでそのシーズンのコンセプトにそぐわない店舗空間になってしまう。よって、売れ残った服は、販売員や経営者による買い取り、ファミリーセールなどで放出されるなどして「廃棄される」ことになる。

販売期間が限られたプレタポルテの販売形態では、来店客ごとに接客担当者がつくことが

★1　なお本章で使用するデータは、二〇一五年四月～二〇一八年一〇月の期間、東京、大阪、神戸、広島における調査で得たものである。店舗や販売員などは全て仮名とする。

特徴で、顧客と販売員である接客担当者の間でいかに良好な人間関係を築くかが重要となる。店舗経営としては、接客スキルを高めるなど販売員をいかに育成していくのかが課題となる。これは企業利益が顧客である消費者によって生み出されるがゆえに、在庫を抱えてしまえば企業の損失となり、また販売員の売上げ成績が今後の職務（店舗の異動、店舗ならびにブランドの縮小）に大きく影響するからでもある。

2　セレクトショップ「X」、プレタポルテ・ブランド「Y」と「Z」の概要

セレクトショップ「X」は、関西でレディース二店舗、メンズ二店舗を展開しており、セレクトショップ業界においては全国的に抜きんでて有名な店である。レディースの店舗では、女性経営者がバイヤーを兼ねており、パリコレクションで買いつけたものを販売している。レディースの場合、商材のコンセプトと価格帯で二店舗に分けられていた。店舗の構成は以下である。

一店舗は、パーティーなどのかしこまった時に着るドレッシーなもの（主にドレスで一着約二〇万～数百万円）を置く区画と、会社など日常着としても着られるスタイリッシュなもの（ジャ

ケット、Tシャツ、ブラウス、パンツ、スカートなどで一着約五万〜七〇万円）を置く区画に分けてあり、それぞれ内装も異なる。ドレスを扱う区画は、古城をイメージしているとのことで、家具は国内外から買い付けた木製のアンティーク物、照明はシャンデリアで、薄暗く重厚感溢れる空間となっていた。また、スタイリッシュなものを扱う区画は、パリコレクションのランウェイをイメージしているとのことで、直線的に洋服が配置されており、壁は白で統一され、商材の色がよく見える自然光の入る窓の設計となっていた。

もう一店舗は、カジュアルテイストのTシャツ、トレーナー、デニムなどの販売と顧客が自社で購入した物を購入履歴で参照しながら古着として買取販売する店（一着約二万〜四〇万円）となっていた。

レディース服における販売員の構成については、バイイングなど店舗外で仕事がない限り、経営者がドレスなどを置いている店舗で接客販売を「基本的に一人で行っている」とのことであった。他店舗は女性社員三名、男性一名の全員二〇歳代で、シフトを組んで接客販売をしていた。

客層は、東北から九州まで幅広く、年齢層は五〇歳以上の既婚女性が最も多いが、「二〇代〜七〇代までと幅広い」という。常連客のほとんどは近所に住んでおり、「平日の午後から夕方一六時頃までが販売ピーク」とのことだった。

プレタポルテ・ブランド「Y」「Z」は、日本人デザイナーのなかでも世界的に注目を集めているデザイナーが率いるブランドである。両者が初めてパリコレクションに出た時には「黒の衝撃」と称され、バッシングとともに賞賛もされるというセンセーションを巻き起こした〔鷲田、二〇一二〕。今もなお、両デザイナーは現役で、パリコレクションに参加するデザイナーたちに大きな影響を与え続けている。二人の名前は、ファッション関係者たちから、尊敬するデザイナーに必ずと言っていいほどあがる。

「Y」「Z」ともに、店舗は東京の青山に本店を構えており、レディース・メンズともに置かれている。「Y」「Z」ともにコレクションライン★2は直営でのネット通販さえ行っていない。ただ、「Z」はネット限定商品の通販をしている。

3　アパレル販売員の感情労働

感情労働とはアーリー・ホックシールドが提唱した概念である。簡潔に言えば、「公的に観察可能な感情表出（声・表情・仕草など）を伴う労働」が感情労働である。雇用主は、その労働者の感情労働に対価として賃金を支払う。すなわち、感情労働者が職務上で感情表出をする際には、雇用主または企業が設定したマニュアルに従って行うものとされ、そのマニュアルに従って職務遂行しているかどうかが給与に反映される。そのマニュアルには、感情管理の方法も含まれており、理不尽な客に対して怒りが生じて親切に対応できないとき、どのように怒りの感情を鈍らせ笑顔を作るか、といったことも定められる。[Hochschild, 1983=2000]

一見、感情表出のあり方や感情管理方法がマニュアル化されているなら、困った客に対しても接しやすくて仕事をしやすいと思うかもしれない。しかし、実際の労働現場ではそのマニュアルが逆に客を怒らせてしまうこともある。

例えば、私の知るケースでは、ある販売員が顧客の注文と違う商品を発注した時、会社のマニュアル通りに「申し訳ございません」と顧客の目を見てお辞儀をしたところ、顧客が「ミス

★２　コレクションラインとは、ファッションショーでコレクションとして発表された服や服飾品を、ほとんどそのままのデザインで商品化したシリーズを指している。このシリーズの商品は、ブランドを代表する旗艦商品であるとともに、そのシーズン限りで（たいてい春夏／秋冬の半年）販売される。

していながら目を見る余裕がよくあるな。普通なら目を合わすこともできないくらいのことなのに信じられない。反省も何もない」と激昂したものがあった。

言うまでもなく、マニュアルは全ての顧客に通用するものではない。顧客ごとに求める接客は異なる。「あまり話しかけて欲しくない」という客、「自分の洋服に関する相談に乗って欲しい」という客、「正直に似合うか似合わないか言って欲しい」という客、「雑談に乗って欲しい」という客、「話しかけた時だけ喋って欲しい」という客、「セールストークが嫌だ」という客など様々だ。その場合、どのように接客するのが正解なのか分からなくなる。マニュアルはあるが、それに当てはまらない客が来店した時、どのように接客するべきなのか困惑することになる。

また、販売員には販売目標金額が設定されているため、企業・店舗イメージを維持しつつ、いかに目標金額を達成するかが重要になる。達成できなければ、左遷されたり、昇格が遅れたり、自分が未達成分を身銭で買い上げる「自爆」をせねばならないことが起きたりと、仕事だけでなく生活へ支障が出るようなことが起きることになっていく。

特にプレタポルテの販売員の場合、店舗で着用する仕事着は今シーズンの商品となるため、洋服は溜まっていく一方だ。次のシーズンになれば、また新しいシーズン商品を着用することとなり、退職するまで延々と続く。型落ちとなった服はプライベートでしか着られず、仮に未使用品を古着屋に売っても二束三文にしかならない。また、高額で質の良い服でも、体型が変化すれば、何年も着られないかもしれない。洋服は家電や車などとは違って、毎シーズンの流行があるため、プライベートで流行から外れてしまった服を着てしまえば「アパレル（販売員）なのにダサい」と言われ、それがブランドや店舗のイメージダウンに繋がることもある。

結果、服がなかなか売れない販売員のなかには、服が好きでアパレル販売員になったにもかかわらず、「もう服は趣味でいい。疲れた」「服に飽きた、嫌いになった」「販売員の仕事が想像と違って難しすぎる」などと退職する人も多い、という。

では、実際に現場で働く販売員はどのような感情労働をしているのか。

●アパレル販売員と顧客間における人間関係の構築

上述のように、販売員は店舗が取り扱う商材を実際に着て店頭に立ち、接客を行う。その際に重要なのは、着こなしである。セレクトショップ「X」の経営者兼バイヤー（女性）は、以下のように言う。

> 販売員がオシャレに着こなせていないと売れない。お客様は販売員を参考にして購入を決めることもあるから。綺麗とかカッコイイとか、それを着てみたいというところまで

いかないと〔購入には繋がらない〕。うちの店は値段がいいから、着てみたいけどちゃんと着こなせるか悩む人も多い。だから、着こなせている販売員がアドバイスすることが重要。第一、格好悪い店に入ろうとは思わないでしょう？〔二〇一六年七月二五日〕

プレタポルテ・ブランド「Z」「Y」で働く販売員を観察していると、客が販売員に「その服いいですね、どれですか？」と尋ね、販売員が「これになります」「歩くとここの部分に動きが出るので綺麗ですよ、試着して歩いて見て下さい」と会話をしている場面が見られた。この他にも「この服カッコイイけど、サイズが大きいですよね？」という客の質問に、販売員が「いま自分が着てるんですけど、ダボッと着るデザインなので大丈夫ですよ。〔服をめくって〕こんなふうにボタンがかなり内に入ってますので」と答えるなど、まさに〝生きるマネキン〟みたいなのである。

当たり前であるが、アパレルショップに並ぶマネキンはディスプレイであり、コーディネートの参考にはなっても相談には乗ってくれない。また、マネキンは理想的な体型で規格化されているため、実際に人間が着たらどう見えるかの具体的なイメージは摑みにくいし、マネキンは一定のポーズで立っていることから、着て動いた時に生地の丈やシワがどうなるかなどは、マネキンのコーディネートを見ても分からない。そのため、販売員が取り扱い商品を身に着けていれば、客としては参考になるし、販売員もその服の特徴や良さや問題点、コーディネートの仕方など商品説明がしやすくなる。

このようななか、販売員の悩みの一つは、客が買いたいと思うような商品の着こなしがどのようなものであるかを知り、実践してみせることだという。ある販売員は、客と趣味（着こなしの好み）が合うかどうかが重要だと語る。

趣味が違うと話も合わないいし、コーディネートのアドバイスもギクシャクする。それに、好みが違うと世間話自体はずまない。最初は世間話でいけると思ったんですけど、趣味と性格は繋がってるなって。［プレタポルテ・ブランド「Y」の二〇歳代後半の女性販売員の話、二〇一六年六月四日］

そしてその販売員は「試着して素敵だったら素敵だって言うし、あとは質問に答えるくらいしかしない」と言う。要するに、自身の着こなしが客の好みに合わないのなら、会話で勝負だと思いきや、洋服の好みにその人の性格や価値観が出ているから会話自体が無理なのである。

これに対して、ある販売員は、次のように語る。

趣味と性格は連動していると思いますけど、その販売員の会話の引き出しが足りないのが原因だと思いますよ。みんなが同じ服、着こなしが好みなんてあり得ない。だから、この人はどんな物が好きで、仕事は何系かとか着ている物やしゃべり方、雰囲気を観察するんです。あと、いろんな本や雑誌を読んだり、音楽を聞いたりして、自分の幅を広げていく。それが繋がっていけば接客で困ることはほとんどない。お客様ですから、お客様の趣味に合わせて会話するし、着こなしも提案します。無理強いはできない。要は引き出しを増やす努力をするかどうか。［プレタポルテ・ブランド「Y」の五〇歳代前半の男性販売員の話、二〇一六年一二月二八日］

確かに着こなしは好みではなくても、「話をしてみると楽しい」とか「自分好みのコーディネートを提案してくれる」店員もいて、客は「雰囲気が自分とは違っても、気に入る物を見せてくれればそこで買おうと思う」と言う。

実際に調査をするなかで、着こなしは一つの取っかかりに過ぎないと思うことがあった。どんなに好みの服を着ている販売員であっても、不躾な態度をとられれば「他店に行けばあるから、ここで買うのは止めよう」と思う客もいるし、「タメ口で話しかけられたら無理」「友達じゃないのに、それいいよねって言われたら違うってなる」と言う人たち（女性客）もいる。ただし、彼女たちに言わせれば、「憧れというか素敵だなって思う人のタメ口ならいいかも。何か近しくなれたのかなって思うし、そういう人のタメ口って下品じゃない」そうで、接客販売員の人となりが問題となるのだ。

「X」の販売員は、次のように言う。

社長を見ていると大人の気品が素敵だと思って、自分も近づけるように努力しています。もともと自分はここの客で来ていて、社長の親切な接客に感動して入社したんですよ。服は好きですけど、人として素敵になって、それを服に繋げて、お客様に伝わって満足していただけると嬉しいです。［セレクトショップ「X」の二〇歳代後半の女性販売員の話、二〇一六年七月二五日］

上記の語りからは、その販売員の人格や趣味が接客サービスにおける商品となっていることがわかる。だからこそ、販売員のなかには、自分の容姿や性格に対してネガティブになる者も出てくる。

もっと痩せないと服が綺麗に見えないのかなとか、メイクを変えた方がいいのかな、明るく声かけするにはどうするかとか、いろいろ悩みます。いっぱいコーディネートの勉強してるのに、客が違う人に声かけるから接客できない。多分、顔とかスタイルな気がする。

［プレタポルテ・ブランド「Z」の二〇歳代後半の女性販売員の話、二〇一六年六月四日］

やっぱり美人だったり綺麗だったり格好良かったりすると売れると思う。説得力があるもん。これを着れば可愛くなれる、綺麗に見えるって。そんな人たちに囲まれて仕事してたら、自分が惨めになって辞めた。［プレタポルテ・ブランド「Y」の二〇歳代後半の元女性店員の話、二〇一七年九月四日］

顧客から憧れられる存在になることには、店員のなかで誰がより客を惹き付けるような着こなし・雰囲気・身体をもっているかといった競い合いが含まれていて、客に接することができず、自分が着こなしを提案すべきなのに「マネキンとして立っていることが辛い」と思ったら、辞めるしかなくなってしまう。また、販売員たちは、「洋服が売れず、客から自分を否定されているように感じてうつ病になっていく店員も多い」と言う。

●顧客同士における感情と関係性

洋服販売において、経営者や販売員が気にすることは顧客同士のバッティングである。プレタポルテを扱うショップのほとんどは、店員ごとに担当する顧客を抱えさせ、担当客がどこから来店し、いつ何を買ったなどをデータ化したカルテを作成させる。店に行くと、「いつも誰が接客してますか？」と聞かれ、「○○さんです」と答えると、「担当は○○ですね」「○○さんのお客さん」と確認がとられ、そこからは自身の担当の店員が来るまでほとんど接客されない。すなわち、顧客は担当の店員が手空きになるまで、商品を見ながらひたすら待つことになる。

担当以外の販売員が接客しない理由は、顧客の奪い合いを避けるためである。特にプレタポルテは一着数万〜数百万円までと高価格になるため、高額商品を大量に購入してくれる「太い顧客」は、販売員自身の販売目標金額や給与査定に大きな影響を及ぼす消費者になる。販売員の間で起こった顧客の奪い合いによって、「太い顧客」が店舗から遠ざかることは、店舗として絶対避けなければならない。

観察すると、「X」「Y」「Z」いずれの店舗も、担当顧客が何人もいる店員の場合、顧客が同じ日時に来店すると、先に来店した客か太い顧客から接客していく流れをとっていた。

顧客が自分の担当が誰であるか把握する方法は、店員から貰った名刺の名前を言うか、初めて来店した時に接客された店員の特徴を言うかする。それに対して店員が「担当が戻るまでお待ち下さい」と顧客を待機させる。もしそれを言ってもその店員に接客を続けられた場合は、その客には担当がいないのだ。そのような場合、その時に接客を続けた店員が後に担当になることが見受けられた。

顧客は来店しても、担当が戻るまで何も接客をされず、ただひたすら担当が戻るまで数時間待つこともある。客が「また来ます」と言って店を出ることもあるが、基本的に全国から商材が豊富な本店へ来ていることが多いので、待ちながら「どんな服が今季出ているのか」、他の客の試着している姿を見て「こういう服が今季の商品か」と観察することが多い。待ち時間が長い場合は、席に通され、デザイナーの本やパリコレクションのブックを渡されて読みながら待つこともある。

この担当が戻るまで待つ時間は、顧客としての自分のランクが分かる瞬間でもあり、他の担当を待っている顧客同士がチラチラと着こなしをチェックしあうこともある。

ある店舗で、担当を待つ客と手空きの販売員との間に、次のようなやりとりがあった。

客：ここに来ると、自分がここの服を着て良いのかしらって思っちゃう。皆さん、素敵だからねぇ。恥ずかしくなるわ。

販売員：いいえ、そんなことないです。今日おめしになられているお洋服、素敵に着こなしてらっしゃいます。前回のもの〔服〕ですよね。素敵な方に着て頂けて嬉しいです。〔二〇一六年一二月二日〕

デザイナーが率いる店舗に来る客は、基本的にその店で購入した服で来店することが多いようだった。担当に「この服、素敵だった」と見せたい・話したい人や、「この服みたいなデザインがあるかどうか聞きたくて」という人、「持っている服に合うデザインの今季のものがあるか教えて欲しい」という人がおり、担当の店員は時折カルテを見ながらコーディネートの提案をしたりする。

このようなデザイナーズ・ブランド店へ来店する客たちは、以下の三パターンに分かれる。

①　服またはデザイナーに興味関心があるために他の客を気にしない人

②　同じデザイナーズ・ブランドの服を着る者同士としてどちらが似合うか対抗心を燃やす人

③　同じデザイナーズ・ブランドを好む者同士として他の来店客の着こなしを見て楽しむ人

対抗心を燃やす顧客が他の客とバッティングした場合、ゆっくり店内で服を見ることは難しい。なぜなら、その顧客と担当が一緒になって、別の顧客と担当に対抗心を剥き出しにすることがあるからだ。相手が一体いくらの物を買うのか、どのような着こなしをするのか、容姿はどうかなど、頭からつま先足下までジロジロと見られることもある。対抗心を剥き出しにした顧客の担当が、本心から他の担当の顧客を値踏みしているかどうかは分からない。顧客にあわせて素振りをしているだけかもしれないが、いずれにせよ、対抗心を剥き出しにする客がいると、別の顧客の担当は、その人がいるところから離れた服を見るように勧めることが多いようだ。もちろん、それを気にしない客の場合は、自分の見たい服が掛かっているラックから離れようとしないのだが……。

また、同じデザイナーズ・ブランドを好む者同士（といっても片方が熱狂的ファンの場合）だと、自分が買った服を他の客が試着していると、「是非あの人が着ている姿を見たい」と担当に話し、その担当が試着している客の担当に告げて、試着室から試着した客に出てもらって、店舗内を歩くように促す、といったこともあった。その熱狂的ファンの客は、「わぁ、素敵」と歓喜の声を上げていたが、これは試着している客の着こなしに言っているのか、服とデザイナーの才能を賞賛して言っているのかは分からない。けれど、こういう場面はデザイナーズ・ブランドの店舗に行けば時々見られるものだ。賞賛することに対して、顧客や担当は問題視しないが、タイプの全く異なる客がバッティングした時に販売員が困ることがある。

ある顧客がいいと思い購入検討している時に、その商品を試着している客を見て、「あの人とお揃いになるなら買わないでいよう」「ダサい」と購入しないケースがあるからだ。店員は「そのような状況になれば売上げが落ちるので避けたいと思っているのが本心」と言いつつも、「顧客の〔「買わないでいよう」という〕気持ちも分かる」と言う。そのため、「着こなしのイメージが異なる顧客同士のバッティングは避けたいけど避けられないことが悩ましい」ということであった。望ましいバッティングは、店舗の服を着こなせる容姿と雰囲気をもっている客同士が「この店には素敵な客が多い」と店に対して信頼を寄せるようなものと、「もっと綺麗に服を着たい、この店にふさわしい客になりたい」と客同士が刺激を受けるようなものだ、と言う。

ある店員は、以下のように言っていた。

　店舗に服が並んでいるのは当たり前。デザイナーがコレクションのために魂を込めて作った服だから、服がパワーをもっていて当たり前。うちはデザイナーのパワーのある服をバイイングしているから。あとの空間は店員はもちろんですが、お客様が作り出すものです。素敵なお客様がいらっしゃれば、もっと素敵な空間になる。店全体の雰囲気が素敵に見えるでしょう？　品のあるお客様がいれば品のある店と人は思う。入りたいと思うお店になるかは、どのようなお客様が来店されるかも関係します。［セレクトショップ「X」の五〇代後半の女性店員の話、二〇一六年七月二五日］

このように、同一商品であったとしても着ている人や店内にどのような人がいるかで、ブランドや店舗イメージがある程度形成されてしまう。よって、店員は、自分の目指す店舗もしくは自分の望む顧客を獲得するために、客を育てようと試みることもある。

●顧客と販売員における知識をめぐる感情管理

販売員は商品知識やブランドの歴史を知っていて当たり前と思うかもしれないが、実際に店舗に行くと、顧客の方が詳しいということが往々にしてある。なぜなら、顧客は憧れのブランド・デザイナーの芸術作品かのように商品を見ており、顧客の方が熱心にそのブランド・デザイナーに関する事柄を詳細に調べ、「今季のテーマは何でありどのように表現しているか」「どのような素材で作られているのか」など事細かに知っていることがあるからだ。また、高価格の商品を買う客の中には、当然ながら販売員とは明らかに異なるハビトゥス★3をもっている人も多く、それらの客は店員よりもはるかに多くのファッション・ブランドの店舗や世界に精通していることもある。

もちろん、店員側も顧客に負けないように、知識を身につけようとしている。けれども、店舗内で店員を観察していると、憧れであったデザイナーズ・ブランドを日々仕事として着用し、新作が出ない限り、毎日店頭に並ぶ同じ服を長期間販売しているうちに、自らが販売しているブランドのファッションに飽きて、モチベーションを下げてしまう店員もいた。かつて消費者であった時の憧れや好きだという気持ちが仕事になることで、薄れてしまうのである。「一日どれだけ売り上げたか」「自分の顧客はいくらまで商品を買えるか」「今、何人顧客がついているか」など、店員は、ファッション以外にも、社員として職場での立場や人間関係に気を配り、顧客ごとに適切な接客方法を身につけていかなければならない。

★3　ハビトゥス（habitus）は、ピエール・ブルデューによって用いられた「界」「場」「領野」などとも訳される概念である［Bourdieu, 1979=1990］。ここでは、ハビトゥスを、人々が日常生活においてその秩序に適合するために蓄積していく身体化された社会構造、個々人に自覚されない知識や思考や行為を産出する性向、という意味で使用している。

顧客の方が店員よりも商品知識を持っていれば、来店した時に購入に繋がらないケースが出てくる。プロの販売員でありながら、商品の質問に答えられないとなると、「プロなのに何故知らないのか」「どういう人を雇っているのか」「店員の質が下がっているのではないか」と思うからだ。だから、店員を続けていくためには、自らのモチベーションを維持するために、日々ファッションへ魅了されるように、自身の感情をコントロールしていかなければならない。[★4]

全く逆のケースもあるから、アパレル販売員の接客労働は難しい。多くの場合、顧客よりも販売している商品について店員の方がより多くの知識をもっている。ところが、「自分の方が店員よりも知識があり、センスも優れている」と明らかに勘違いしている自信過剰な顧客も多いのである。もちろん、自信過剰な客に対しては、客の感情を損ねないように店員が振る舞うことは当たり前である。けれども、自信過剰な顧客に配慮した際、店員は、自分のプライドを捨てたことでなく、自分が憧れているデザイナーやその作品を貶めるような振る舞いをしているのではないか、と自尊心を傷つけられてしまうこともある。それでも「売ることが仕事だから」と割り切り、傷つけられた自らの感情を修復し、自信過剰な顧客に対して「なんでもいいから売れるだけ売ってやる」という感情が表面に出ないようにコントロールし、笑顔で接する以外ないのである。[★5]

店員たちは、しばしば、接客における嫌な経験を自分が担当している顧客に対して小声で語

★4

ある店員は、「田中さん、最近どこの店行きました？　〔プレタポルテ〕Ｚですか？　私、もう随分行ってないんですよ。今季、どんなのがあるか、教えて下さい。もし買ったら、着て来て下さいよ。写メでもいいから見たいです。やっぱり、他店に行くのって難しいんですよね。時間帯もあるし」と言う。また、別の店員は「アクセ〔サリー〕もファッションの一部なのに、うちはあまり扱ってないんですよ。そのピアス、どこのですか？　私も欲しい。田中さんの好きそうなアクセ、原宿にありますから店舗教えますね」、「髪、赤から緑？　いいなぁ。自分、〔髪を〕ピンクにしたら傷んで、ボブに切ったんですよ。田中さん、あまり〔髪が〕傷んでないけど、何使ってます？　ヘアオイル？」「ファッションって、髪もメイクもアクセも全部含めてだから、服だけっていうのはねぇ……」と互いに情報交換した後、次に来店した際に「買いましたよ～！」「使ってますよ～！」「行きましたよ～！」と、互いに見せあって報告しあうということもあった。その店員は「やっぱり外っていうか、お客様から刺激を受けないとつまらないし、プロだからファッションに関しては負けちゃいられないっていう仕事のモチベーションを上げるきっかけにもなります。そういうお客様はありがたいし、仕事がもっと楽しくなるんです」と言う。

ることによって、その顧客との「良好な関係性」を形成していこうとする。

その客は、服が好きなんじゃなくて、ただのブランド好き。タグや服にブランド名が入ってさえいればいい。うちのタグをファストファッションの○○○につけたら、うちのブランドだと信じて買ってしまう、服のことを何も知らない薄っぺらい可哀想な客。知ったかぶりしてるけど、よく本や雑誌に書いてある嘘情報。きっと、話す相手が店員しかいないんじゃない。でも、この人なりに人の話を素直に聞けなくなった事情があるかもしれないから、温かい目で見守らんとね。［複数の女性・男性店員たちの話から筆者が構成］

このように、店員たちが担当している顧客と秘密の共有をするかのように小声で語られるエピソードは、嫌な接客経験をさせられた客をスケープゴートとして、担当している顧客との親密性を高めるだけでなく、ネガティヴな経験を逆手にとり自らの接客にポジティヴに変換してしまうことによって、店員たち自身の感情トラブルを修復してもいるのである。

4　ファッションを愛するからこその苦悩と歓び

店舗やブランドやデザイナーのイメージ価値は、店頭に立つ販売員にかかっているといっても過言ではない。取り扱っているブランドやデザイナーのイメージ価値をより引き立たせることも、販売員の役割だ。顧客が「この担当は信用できる」「お喋りが楽しい」など、いわば担当者自身にファンがつくようにしていくことも、イメージ価値を高める役割を担っているのである。それゆえに、販売員が系列の他店に異動する際、担当顧客も一緒に移動することも多々ある。そうして、販売員は、顧客を手放さず、新規獲得やリピーターにするために顧客を育成する。

顧客の育成とは、「ブランドの沿革」「新店舗がどんな内装になっているか」「ブランド独自

★5　もちろん、そうした客に気づかれないように、周りの店員や別の客に分かるように、自信過剰な顧客の振る舞いを滑稽なものとして演出してしまう手慣れた店員もいる。

の染色や縫製技術」、さらには「別ブランドのオススメ商品」だけでなく、飲食店、音楽、雑誌、映画まで多岐に渡る自らの知識を顧客に伝えていくのである。すると、顧客は「あのオススメ商品買いました」「映画見てきました」などと、その店舗で買物をする気もないのに報告しようと来店し、その際に新作の服がなくても、手ぶらで帰るのに気が引けて購入してしまう、といったことも生まれるのだ。ファッションの移り変わりは毎シーズンで、流行もすぐさま過ぎ去ってしまうが、プレタポルテのアパレル販売に従事する者たちは、常にその流行の中で働き続ける。そのため、常に知識を身につけ、顧客獲得のために自身の趣味嗜好や人格までも磨くことが必要となる。

この時の課題が、私的／公的な場面のあやふやさである。服やブランド・デザイナーが好きだからでは続かない。このブランドが好きだからではなく、顧客のことも知っていかねばならない。また、顧客に自身の接客の良し悪しが判断され、それが売上げに繋がっていく。

感情労働の大変さの一つに、職務を円滑に遂行しようと、その状況に適切な演技をしている間に、自分の本当の感情がわからなくなる「偽りの自己」が生まれることだ、と武井麻子は指摘する［武井、二〇〇六］。感情労働はしんどいとイメージする人は多いけれども、実際に現場で感情労働を楽しんでいるようにしか思えない人たちは、次のように言う。

私は、Zを愛しています。愛に偽りはないです。それが辛い。探究する辛さと歓びの葛藤。歓びの方が多いのでやめられない。〔プレタポルテ・ブランド「Z」の三〇歳代後半の男性店員の話、二〇一六年七月二四日〕

売上げが足りなくても、自分が好きな服を選べば〔買い上げれば〕いいから。第一、売れてても〔自社ブランドの服が〕好きすぎて買いすぎて生活が厳しい（笑）。〔プレタポルテ・ブランド「Y」の二〇歳代後半の女性店員の話、二〇一六年一二月三日〕

接客は取り扱いブランドを説明できるから、愛の告白です。服と自分が一体化してるので、〔客に〕恋して欲しい気分（笑）。説明して買ってもらえなかったら失恋ですよ、本当に（苦笑）。〔セレクトショップ「X」の二〇歳代後半の男性店員の話、二〇一七年二月二七日〕

これらの会話データを見ると、アパレル販売員の苦悩は商材である洋服を愛するからこその苦悩である、と思えてくる。「悩み」と言いながら、「毎日好きなものに囲まれてオススメできるって幸せですよ」「コレ、今度買おうと思ってるんですよね。普段着にいいかなって」と話す。すなわち、私的な趣味が労働へと昇華されるとともに、労働が私的な趣味へとまた昇華されていくのである。

ある日、私の担当販売員（女性）は、私が店に入るなり駆け寄ってきて、嬉々として話してくれた。そこには、ファッションを愛するからこその苦悩が、ファッションを愛するからこその歓びへと昇華していく瞬間を垣間見ることができた。

田中さん、今度海外行くんですよ。自社が関わってるイベントで、社長が「夏休みあげるから、行ってきなさい」って。他の社員も何人かもう行ってて、みんな「絶対行った方がいい」って言うんですよね。「こんな機会ないから、もう絶対行く」って今から楽しみで。今どんな服着て行こうか悩んでるんですよ。本店勤務の自分が日本から行くんだから、海外の人にナメられたくないし。本店勤務してるからこそ手に入る最新作着て、「どうだ！見ろ！」って外国人をアッと驚かせて帰ってきたいんですよね。今コレとコレのどっちを買うか迷ってて。別にイベント用に買う必要はなくて、買わずに行った社員の方が多いけど、私はせっかく行くんだから、自社の（服の）格好良さを見せつけてやろうって。もう殴り込みですよ（笑）。それに、本店勤務なのにダサいって思われたら悔しいし。あぁ〜もう両方買おう（笑）！「現地であっちの服を買っとけば良かった」って後悔したくないし。「服のお金」ですか？　もちろん自腹ですよ！　両方買ったら、結構な額いきますけど、そんなの関係ないですよ。「旅費」ですか？　旅費も自腹です。「もう、かかるお金なんて関係ない」っていうか、田中さんに言われるまで考えてもなかったんですけど（笑）、クレジットカード使い回せば何とかなるし、今はとにかく私が着た服を見た外国人がどんなリアクションするんだろうって、どんなイベントなんだろうって、楽しみで楽しみで。田中さんにも見てもらいたいから、写真と動画メッチャ撮ってきます！　あと、私の服も楽しみにしてて下さいね。どんなだったか絶対報告します（笑）。私、絶対外国人に勝ってきますから！

文献

Bauman, Zygmunt, 2000, *Liquid Modernity*, Polity Press.（＝二〇〇一、森田典正訳『リキッド・モダニティ――液状化する社会』大月書店）

Bauman, Zygmunt, 2001, *The Individualized Society*, Polity Press.（＝二〇〇八、澤井敦・菅野博史・鈴木智之訳『個人化社会』青弓社）

Bauman, Zygmunt, 2004, *Wasted Lives: Modernity and Its Outcasts*, Polity Press.（＝二〇〇七年、中島道男訳『廃棄された生――モダニティとその追放者』昭和堂）

Bauman, Zygmunt, 2005, *Liquid Life*, Polity Press.（＝二〇〇八、長谷川啓介訳『リキッド・ライフ――現代における生の諸相』大月書店）

Bauman, Zygmunt, 2005, *Work, Consumerism and the New Poor. Second Edition*, Open University Press.（＝二〇〇八、伊藤茂訳『新しい貧困――労働、消費主義、ニュープア』青土社）

Bourdieu, Pierre, 1979, *La Distinction : Critique Social du Jugement*, Editions de Minuit.（＝一九九〇、石井洋二郎訳『ディスタンクシオン――社会的判断力批判Ⅰ』『ディスタンクシオン――社会的判断力批判Ⅱ』藤原書店）

Hakim, Catherine, 2011, *Honey Money : The Power of Erotic Capital*, Penguin Books.（＝二〇一二、田口未和訳『エロティック・キャピタル――すべてが手に入る自分磨き』共同通信社）

Hochschild, Arlie Russell, 1983, *The Managed Heart: Commercialization of Human Feeling*, University of

California Press.（＝二〇〇〇、石川准・室伏亜希訳『管理される心――感情が商品になるとき』世界思想社）
伊田久美子、二〇〇七、「労働の消去としての雇用の多様化――「愛の労働」の新たな展開」足立眞理子・伊田久美子・木村涼子・熊安貴美江編著『フェミニスト・ポリティクスの新展開――労働・ケア・グローバリゼーション』明石書店
Marazzi, Christian, 1999, *Il post dei calzini: La svolta linguistica, dell' economia e i suoi effetti sulla politica*, Bollati Boringhieri.（＝二〇〇九、多賀健太郎訳『現代経済の大転換――コミュニケーションが仕事になるとき』青土社）
武井麻子、二〇〇六、『ひと相手の仕事はなぜ疲れるのか――感情労働の時代』大和書房
田中慶子、二〇一三a、「搾取される笑顔――日雇い制派遣イベントコンパニオンのジェンダー化された感情労働を事例として」『Core Ethics』九
田中慶子、二〇一三b、「労働のフレキシブル化に関する一考察――日雇い派遣イベントコンパニオンの労働現場を事例として」『日本労働社会学会年報』二四
鷲田清一、二〇一二、『ひとはなぜ服を着るのか』筑摩書房

第3章　消費主義社会を考える

中根光敏

1　新しい消費行動を模索し続ける現代社会

日本経済新聞に掲載された特集記事の引用からはじめたい。

バブルを知らず、欲に乏しいといわれる「さとり世代」。しかし、今どきの若者たちをひとくくりに捉えると見誤る。〔中略〕日本能率協会が一九九九年から続けている新入社員の意識調査。14年の調査では「定年まで勤めたい」という回答者の割合が初めて5割を超

えた。安定志向を強める若者たちのお金の使い道は「自分」への投資に向いている。〔『日本経済新聞』二〇一五年五月三日〕

マンダムの調査によると、男子高校生では2人に1人、男子大学生でも3人に1人が母親の勧めをきっかけに化粧水を使い始めるという。電通若者研究部の小木真（35）は「バブル景気を謳歌した50歳前後の女性は気持ちが若い。母親と子供の関係は親子よりも友達に近い」と指摘する。〔中略〕三菱総合研究所の調査によると、母親が50～54歳の20歳代の女性は72％が「無駄な出費はせず、必要なことだけにお金を使う」と回答した。〔中略〕マーケッティングライターの牛窪恵（47）は「バブル世代の女性は寿退社が当たり前だった世代。夫は仕事に忙しく、愛情の向け先は子供だけだった」と指摘する。友達のような母親と子供の関係が生み出す消費は今が旬だ。〔『日本経済新聞』二〇一五年五月四日〕

「予定を立てない若者が増えている。遊びに行くときでも目的地は決めず、その場でスマホをいじって考える」。サービスを手掛けるＬＩＮＥビジネスパートナーズ（東京・渋谷）の社長、長福久弘（32）はこう指摘する。〔中略〕「あらゆる商品やサービスの情報があふれる今、直感で『これはいい』と思ったモノを選ぶ傾向が若者を中心に強まっている」。博報堂生活総合研究所の主任研究員、酒井崇匡（32）はこう指摘する。〔中略〕15～24歳が一日にスマホを見る回数は平均64回。寝ている時間を除けば、ほぼ15分おきにいじっている計算になる。若者たちの行動の基点はスマホになりつつある。［『日本経済新聞』二〇一五年五月六日］

プチ（小）グループの絆を確認し合う「プチグル」消費が広がる。東京ディズニーリゾート（千葉県浦安市）では昔の制服を着る「制服ディズニー」客が増え、街でも「おそろ（い）」服がブームだ。グループで仮装を楽しむハロウィーンの市場規模はバレンタインデーを抜いたとの試算もある。〔中略〕「幸福」とは何か。若者たちに尋ねると、仲間に囲まれている写真を大量に見せられた。伊藤忠ファッションシステム（東京・港）の中村ゆい（34）は「単なるモノや特別の体験より、友達の多さに幸福を感じる世代」とみる。見えや地位を隣人と競い合う消費から仲間と価値を「共創」する消費へ。企業も発想の転換を迫られる。［『日本経済新聞』二〇一五年五月八日］

これらは、二〇一五年ゴールデンウィークに四回にわたって掲載された「コンシューマーX」という特集記事から引用したものである。[★1]この特集で対象となっている「若者」は、「さとり世代」「バブルジュニア」と呼ばれる一九九〇年代生まれの世代[★2]である。ほぼ同世代を表して「新人類ジュニア」という言葉もあった。ただ、「さとり世代」「バブルジュニア」「新人類ジュニア」などの用語は、「ゆとり世代」に替わる言葉[★3]として使用されるようになったことから、「ゆとり世代」後の世代を指していると勘違いされることも多いようだ。というのは、これらの用語が指すのがゆとり教育を受けた世代ということであれば、一九八七年生まれ以降の世代を指す。それゆえ、一九九〇年代生まれの「さとり世代」や「バブルジュニア」などよりも「ゆとり世代」の方が前の世代を意味するのではないか、と思われても仕方ないだろう。

おそらく、一九九〇年代生まれの世代を消費者としてターゲットとする場合、大事なお客様を指して、「どうせゆとりだから」と言うわけにはいかないことから、「ゆとり」に替わる「さとり」や「バブルジュニア」などの世代ネーミングが考案されてきたのだろう。つまり、この世代（現時点で「若者」とされる年齢の集合体）は、「物欲がなく」「恋愛に興味がなく」「旅行にも行かず」「質素で堅実な生活を志向する」ことから、消費行動が鈍い「嫌消費」傾向が見られるとされてきた。嫌消費傾向が見出されることによって、マーケッティングの領域で問題視されてきたのである。[★4]

それでは、はたしてマーケッターたちは、「さとり」や「バブルジュニア」などの用語で、「今どきの若者」世代の消費行動を的確に捉えていると言えるだろうか？　冒頭で引いた新聞記事

★1　記事には、それぞれ「使い道は自分磨き：さとり世代の金銭感覚」「買い物はママと：バルブJr.の指南役」「予定はスマホ任せ：行き先も結婚式も「即席」」「仲間がいれば幸せ：イベントで地元の絆確認」という副題が付されている。

★2　「さとり世代」は、ユーキャン新語・流行語大賞にノミネートされた言葉で、博報堂の原田曜平が本のタイトルで用いてから、一九九〇年代に生まれた世代を特徴づける言葉として、メディアを通じて一般に浸透するようになった［原田、二〇一三］。「バブルジュニア」は、バブル景気を二〇歳代で経験した親の消費傾向に影響を受けた世代として、二〇〇〇年代にマーケティングでターゲット世代を指す言葉として使用されたが、日本経済新聞の特集記事でも「バブルJr.」という表記で登場している。

★3　「ゆとり世代」という言葉に対して、「ダメなのはゆとりだから」という物言いが頻繁になされる傾向を差別用語だとする主張もある。ちなみに、「ゆとり教育」の範囲には、その始まりに一九八〇年度／一九九二年度／二〇〇二年度と諸説があるけれども、狭義の範囲とされている二〇〇二年度以降を指している。

をもう少しみてみよう。

まず、「今どきの若者たちをひとくくりに捉えると誤る」と注意を促し、「安定志向を強める若者たちのお金の使い道は「自分」への投資に向いている」と結んだ記事では、約七〇万円の高級ブランド時計を購入することが「営業成績を高めるための消費」として、中古マンション投資セミナーに参加することが「自分磨き」だとされている。彼らが消費へと志向づけられているのは確かだとしても、高級時計を購入したり、将来に備えた投資として中古マンションを購入（するためのセミナーへ参加）したりすることを、この世代特有の「自分磨き」消費と捉えるのは、少々強引な解釈だ、と言わざるを得ない。バブル経済期（一九八六年一二月から一九九二年二月）には、時計だけでなくスーツやカバンからボールペンに至るまで高級ブランドで身を固め、投資用に保有している数軒のマンションを賃貸し、さらに新築マンション（もちろん投資用）購入のための抽選会に並んでいた人たちは、私の友人たちの中にも、決して少なくなかったのだから……。

「友達のような母親と子供の関係が生み出す消費は今が旬だ」と結んだ記事は、消費意欲の乏しい娘や息子であっても、母親の後押しで消費へと促すことが可能となった事例を挙げている。ただ、母子での消費事例を挙げているだけで、「今が旬」と言えるほど「今どきの若者」世代に特徴的な消費行動とはとても思えない。

例えば、大学のオープンキャンパスで、母親同伴の受験生がいれば、受験生よりも母親をターゲットとして受験へと誘導するように面談を行うのは――良い悪いは別にして――、受験生を獲得するための常套手段である。当の受験生にとってみれば、何を専門としている学部・学科なのかというよりも、「どうしたら入学試験に合格できるのか」という問題にしか関心はないのかもしれない。大学選びもモノを購入する場合も同じで、さほど興味もない服でも買わなければならない場合には、悪意のない親密な他者が自分の代わりに選択してくれる方が楽だと思うことは誰にでもあるだろう。

もっとも、この記事で事例となっているような消費の場合、化粧水や服を使用するのが息子・娘であったとしても、消費者は誰かということになると、息子や娘よりも対価を支払う母親の方が消費者と呼ぶのに相応しいのかもしれない。とすれば、この記事で取り上げられているのは、厳密には、「今どきの若者」世代の消費ではなく、母親となった「バブル世代」「新人類」世代に特有の消費行動にほかならないのである。

★4　［松田、二〇〇九］［山岡、二〇〇九］［原田、二〇一三］［牛窪、二〇一三］参照。

「若者たちの行動の基点はスマホになりつつある」と結んだ記事は、スマホを利用した「即席」消費を「今どきの若者」世代に特徴的な消費行動と指摘している。確かに、新しいコミュケーションツールとしてのスマホは、「情報があふれる今」直感でモノを手に入れられるだけでなく、市場で過剰に溢れたモノ（空いている飲食店や予約で埋まっていない結婚式場など）を効率よく消費する領域を拡大してきた。この記事で指摘されている「即席」消費は、スマホをコミュニケーションツールとして使いこなすことができる「今どきの若者」世代に特有な消費行動と言えるだろう。ただ、「即席」消費の領域を拡大し続けるためには、「過剰に溢れたモノ（商品）」が在庫として残っていて常備されていなければならず、他方で、消費者は「残りモノ」を仕方なく買っている（都合良く買わされている）ということとなる。

もちろん、「単なるモノや特別な体験より、友達の多さに幸福を感じる世代」という記事を読めば、仮に残りモノであったとしても、気が合う友人仲間たちと楽しい時を過ごすことを「即席」に可能とする飲食店などの空席情報を提供してくれるサービスは、魅力的なモノに違いない。けれども、この記事で結びとされている「仲間と価値を「共創」する消費」が、事例として挙げられている元同級生グループによる「プチグル」消費であるとすれば、これまで主として定年後の高齢の世代に特徴的だった消費パターンが、中高年世代へと浸透し、さらに「今どきの若者」世代へと拡大しているだけで、そこに「共創」と呼べるような「新しさ」は感じられない。事例を挙げるとすれば、定年退職した高齢者たちがＯＢ会と称して慰安旅行へ出掛け、旅の後、撮影した旅の想い出をアルバムにしたり、ＢＧＭ入りのＤＶＤディスクにして共有するような消費は、随分前から行われている。

さて、ここで長々と言及してきた特集記事全体からは、「今どきの若者」世代全体を何らかの「新しさ」で共通に括ることによって、その消費行動を特徴づけることは、困難であることが分かる。さらに、消費のターゲットとして照準を合わせられた「さとり」「バブルジュニア」世代というカテゴリー自体が市場によって捏造された幻想にすぎないのではないかとさえ思われてしまうのである。

むしろ、「今どきの若者」世代だけにとどまらず、新しい消費行動を見出そうと模索し続けていることが、現代社会の特徴だと言える。

そこで、以下では人々がいかにして消費主義社会に引き込まれ、さらに自らを消費（主義）へと駆り立てていくかについて考察していきたい。

2　物の道具的機能／モノの記号的機能

消費される物／モノには、道具的機能と記号的機能がある。ジャン・ボードリヤールは、以下のように述べている。

> 人びとはけっしてモノ自体を（その使用価値において）消費することはない。――理想的な準拠としてとらえられた自己の集団への所属を示すために、あるいはより高い地位の集団をめざして自己の集団から抜け出すために、人びとは自分を他者と区別する記号として（最も広い意味での）モノを常に操作している。〔中略〕消費者は自分で自由に望みかつ選んだつもりで他人と異なる行動をするが、この行動が差異化の強制やある種のコードへの服従だとは思ってもいない。他人との違いを強調することは、同時に差異の全秩序を打ち立てることになるが、この秩序こそはそもそもの初めから社会全体のなせるわざであって、いやおうなく個人を越えてしまうのである。〔Baudrillard, 1970=1979:68〕（傍点原文）

記号的機能とは、あるモノを消費することによって、消費者に他者とは違う自分を同定させることである。もちろん、ただ単に他人と違っているだけでは、モノの記号的機能は発揮されない。モノが記号的機能を果たすためには、その消費によって、差異が表示されるような違いがなければならないけれども、同時に、その差異は「違いが分かる」程度に同じコードに位置づくものでなければならないのである。

消費の場面では、物の道具的機能とモノの記号的機能を切り離して考えることはできない。デジタル機器は、消費者へ新しい機種に買い替えさせるために、目まぐるしく高機能の刷新がなされているけれども、刷新された機能の全てをユーザーが使いこなしているわけではない。それでも、人々を買い替えへと駆り立てるのは、スペックとして表示された道具的機能が記号的機能を果たしているからにほかならない。

> 現代の情報消費社会のシステムは、ますます高度の商品化された物資とサービスに依存することを、この社会の「正常な」成員の条件として強いることをとおして、原的な必要の幾重にも間接化された充足の様式の上に、「必要」の常に新しく更新されていく水準を設定してしまう。〔中略〕原的な必要であれ新しい必要であれ、〔中略〕現代の情報消費社会は、人間に何が必要かということに対応するシステムではない。「マーケット」として存在する「需要」にしか相関することがない。〔見田、一九九六：一一二〕（傍点原文）

見田宗介の言う「人間に何が必要かということに対応するシステムではない」のは、何も現代の情報消費社会に限ったことではない。J・ボードリヤールが「消費」という視角から明らかにしたことは、現代に限らず、人間社会が記号を含めた象徴的消費に囚われてきたということだった。ある物に込められた「必要」も「有用性」も、そもそも、象徴的記号の交換自体なのである。

あるモノが「客観的に見て」どの程度役に立たないかは、決めようがないのだから。

[Baudrillard, 1970=1979:156]

3 同じ嗜好を共有する仲間のような関係

高校生くらいかな。〔ストリート系ファッションに〕はまったのは。バイトして小遣い貯めて金持って、毎週ショップに通ってた。当時は、今みたいに〔ショップの〕店員が〔商品を〕予約で取り置きなんてしてくれない時代だったから、今は変わったなぁ。……カノジョって言ったって結局他人だからねぇ。他人にお金遣うくらいなら、やっぱ自分に遣ったほう

がよくない。[★5]［ホテルに勤務する三一歳男性Ａさんの話。二〇〇九年四月、広島市内におけるセレクトショップにおいて］

かつて流行語となった草食系男子[★6]を象徴するかのように思われるＡさんとは、その後も何度か同じショップで出くわしたが、彼はいつもハットからシューズに至るまで完璧なストリート系ファッション（以下、ＳＦ系と略）で身を包み、ショップで店員や馴染みの客たちとのコミュケーションを楽しんでいた。Ａさんのような男性（大抵二〇歳代〜三〇歳代）は、一般的にレアな存在＝マニアとして映るかもしれないが、ＳＦ系ショップではよく見かける典型的な男性客である。

ここでは、「草食系」云々ではなく、彼らのようなＳＦ系マニアたちの消費行動／ファッションに注目してみたい。

一九五〇年代のアメリカ社会に関して、デビット・リースマンが「スタンダード・パッケー

★5　本章で使用するデータの記述においては、「個人名」「ショップ名」「ブランド名」「商品名」は全て匿名で表記している。

ジ消費」と命名した消費行動は、大衆消費社会において「他人と同じになりたい＝人並み化」という共通のコードで特徴づけられる社会的順応の手段だった。[★7] そして、一九七〇年代にJ・ボードリヤールは、ブランド消費や物語消費[★8]に象徴される個性化＝差異化へと志向づけられた消費者が登場する高度消費社会を見出した。高度消費社会における個性化＝差異化とは、「他人との違いが分かる」程度の共通の消費コードを備えて消費行動へ向かうことが、消費者にとって「個性的な自己」をアイデンティファイする社会的順応の手段であった。[★9]

　上述したようなSF系マニアによる消費行動は、個性化＝差異化が「分かるものにだけ分かる」という高度消費社会の成熟した段階に至っていることを示すのだと位置づけてもいいだろう。彼らが共通の消費コードを身につけるのは、シーズン[★10]ごとに各ショップで配布されるカタログ冊子、[★11]ブランドごとに開催される次シーズン商品の受注会、ショップやブランドからのメールマガジン、一般書店でも売られているファッション雑誌などの情報からである。しかし、SF系マニアたちが共通の消費コードを共有・維持していく際には、とりわけてもショップとその店員が重要な役目を果たしている。

　お客さん、そのシューズどこのやつですか？　……Z〔ブランド名〕ですか。じゃあ、P〔商品名〕ですよね。自分はZの靴は高くてとても買えないんですけど、ヤバイですよね。

★6　「草食系男子」という言葉は、二〇〇六年一〇月にコラムニストの深澤真紀が『日経ビジネス』オンライン版で連載している「U35男子マーケティング図鑑」の中で「草食男子」と命名したことに由来し、女性誌『non-no』（二〇〇八年四月五日発売号）で深澤監修の「草食男子」特集が組まれたことから反響が広がり、二〇〇九年「ユーキャン新語・流行語大賞」のトップテンに選ばれた。草食系男子は、当初「恋愛にガツガツしていない」という意味で使用されたが、その後「恋愛が苦手な／できない男子」の意味や、対義語として誕生した「肉食系女子」の「餌食」の意味なども加わり、一般に使用される言葉として定着している。草食系男子に関しては、［深澤、二〇〇七］［牛窪、二〇〇八］［森岡、二〇〇八］［桜木、二〇〇九］を参照。

★7　［Riesman, 1950→1961=1964］参照。

★8　大塚英志［一九八九］によれば、物語消費とは、商品そのものではなく、モノの背後にある「大きな物語（世界観）」を消費することである。

★9　［Baudrillard, 1970=1979］参照。なお、大衆消費社会、高度消費社会に関しては、［中根、一九九七］［中根、二〇〇三］参照。

「一回履いたらやみつきになっちゃう」って……友達がはまってたんですよ。よく行かれるショップはどこですか？　……〔しばしショップとブランドに関する会話〕……うちはY〔ブランド名〕でデザイナーやってた人が立ち上げたX〔ブランド名〕っていうのを中心に扱ってるんですよ。あとは輸入ものが多いですね。また、近くに来たら寄って下さいよ。よかったら、会員登録してもらったら、また情報送りますから……。〔ショップ店員二〇歳代前半男性の話。二〇一〇年五月、渋谷・キャットストリートのショップにおいて〕

お時間あったらカフェ〔店内に併設されているバーカウンター〕で飲み物用意しますので、カルテ作らせてもらえませんか？〔バーカウンターへ移動し、顧客カードに情報を記入し、メンバーズカードが発行される〕お客さん、広島からよく〔東京へ〕来られるんですか？　うちは東京だとここしかショップなかったんですけど、最近、博多にもショップ出したんですよ。……商品は、オリジナルと輸入のセレクトですね。……お客さんの年齢層はばらばらですね。二〇代から四〇代、五〇代くらいまで、かなり幅があります。……もしお時間あったら、U〔ショップ名〕とかT〔ショップ名〕も〔ここから〕歩いていける距離だから、是非見てって下さいよ。〔ショップ店員二〇歳代後半男性の話。二〇一〇年一一月、表参道のショップにおいて〕

上記のデータにおけるUとTは、このショップの系列店ではなく、原宿にあるSF系では有名なブランドショップである。ブランド間の関係も、店員と客との関係のごとく、ナカマや友だちのように連なっていくことで、消費者にとって共通のコードが新たに再構成されていくのである。こうしたショップでは、店員は客の身につけているものから共通のコードに位置づく商品を探り出し、それを話の糸口として客との関係を築いていこうとする。ショップ店員が客との間に築かんとしているのは、同じモノを嗜好するナカマや友だちのような関係である。

消費市場が顧客を誘惑しているとはよく言われることである。しかし、そうであるためには、消費者の側に誘惑される下地が整っていて、積極的に誘惑されようとしている必要

★10　ほとんどのSF系ブランド／ショップは、商品を「春夏」「秋冬」の二つのシーズンに区分けして情報発信している。

★11　多くのカタログ冊子が一見カタログには見えないほど立派な冊子であるが、カタログ冊子自体がSF系マニアにとっては収集すべきアイテムとなっていることも多い。

がある（ちょうど、工場の監督者が労働者に命令を下せる前提として、労働者の側に規律と命令に従う習慣が確立している必要があるように）。適切に機能している消費社会では、消費者が進んで誘惑されようとする。彼らは、楽しみから楽しみへ、誘惑から誘惑へ、一つの餌を飲み込むと別の餌へという生活をおくるが、それらは、それぞれ多少違う新しい楽しみや誘惑や餌であり、おそらくは、先行するものよりも強力なものである。［Bauman, 2005b=2008:53］

ジグムント・バウマンが言うように「消費者の側に誘惑される下地が整って」いるのは、同じモノを嗜好するナカマ=友だちという関係が構成されているからである。ショップは、単にモノを売り買いする場所ではなく、消費者がナカマ=友だち同士でアイデンティティを確認する社会空間となっている。SF系ショップでは、社販や支給のファッションを纏《まと》ったショップ店員だけがマネキンの機能を果たしているのではなく、冒頭で引いたAさんのようなSF系ファッションで完璧に身を固めた顧客たち同士が、互いに互いを誘惑しあうことで、新たな消費への欲望を喚起していくのである。

４　オタク的消費／マニア的消費

これまで消費を基準として現代社会の問題を捉えようと試みた消費社会論では、スタンダード・パッケージ消費に代表される人並み化消費という社会的順応を見出した大衆消費社会論[★12]から、「違いが分かる」個性的消費に代表される差異化というアイデンティティを見出した高度消費社会論[★13]へと、消費社会（現代社会）の変遷が論じられてきた。

大衆消費社会論においては、「文化の画一化・平準化とそれに伴う低俗化」が問題群として見出されたのに対して、高度消費社会論においては、他者との差異を競い合う「消費の記号化・コード化によるセミオクラシー」が問題群として見出されてきた。高度消費社会論では、差異化・個性化の基準が「違いが分かる消費」から「分かる者にだけ分かる消費」へと移行し、「分かる者」の範囲が限りなく縮小していく傾向が指摘されてきた。[★14] 大衆消費社会論から高度消費

★12　［Riesman,1950→1960=1964］参照。
★13　［Baudrillard, 1970=1979］［博報堂生活総合研究所、一九八五］［藤岡、一九八四］［上野、一九八七→一九九二］参照。

社会論へと至るまでに共通していることは、消費社会論は、人々の消費行動を社会的順応の手段として捉え、アイデンティティ・ゲームとして消費へと邁進する現代社会 Contemporary Society（の人々）に関する問題を指摘してきたことにある。

縮小していく「分かる者にだけ分かる」範囲が社会的順応の臨界点へ達すると、「自分にだけ分かる」というオタク[★15]的消費が消費社会の前景へと浮かび上がってくる。不安や葛藤から逃れようとする現代人にクリストファー・ラッシュが見出したナルシシズム的パーソナリティは、「自己」への関心が精神的なサバイバルへの関心となって現われる」［Lasch, 1984=1986:2］ことで最小限の自己＝ミニマルセルフへと変質していく。ミニマルセルフは、たとえ現実の社会に順応できなくても、「自分自身のファンタジーの世界＝非現実のリアル」の中でサバイバルを志向していくのである[★16]。

ここで言うオタク的消費は、オタクによる消費を意味しているわけではない。現代消費社会＝ポスト高度消費社会において、流行やモードの先端を走っていく人々の消費行動がオタク的消費の様相を帯びてくるということである。そうなると、マニア的消費とオタク的消費の境界線は曖昧になっていく。オタクというカテゴリーが社会性を欠いた「キモイ人間」として社会的排除の対象を表象しているとすれば、マニアというカテゴリーは現実離れした異常な志向を有した「並外れた人間」を表象している。

すなわち、オタク的消費／マニア的消費に共通するのは、社会的順応の基準となるような「共通のコード」が社会一般ではないということである。たとえば「鉄ちゃん」たちの消費のための「共通コード」は、一般の人びとがそのコードを共有していなくても成立する。むしろ、オタク的消費／マニア的消費は、一般の人びとが共感できないような嗜好や、フツーの人びとが理解できないような細部への拘《こだわ》りなどへと志向されているのである。

★14 ［中根、一九九七］参照。

★15 オタク（おたく、ヲタク）とは、一九八〇年代に漫画・アニメ・アイドル・パソコン・コンピュータゲーム・クイズ・模型・鉄道など、嗜好性の強い趣味や愛好を有する人間たちを揶揄する言葉として登場した。当初は、コミュニケーション能力が劣ったキモチ悪い人間（主として男性）や性格・態度・行為に対するバッシング的な意味合いが強かったけれども、時代とともにオタクの定義は変遷し、その明確な定義はない。

★16 ［Lasch, 1978=1981］［Lasch, 1984=1986］［中根、二〇〇三］［池田・中根、二〇〇六］参照。

5　消費ゲームを降りる恐怖――アイテム消費

消費者の消費能力を増大させるためには、彼らに休息を与えてはならない。消費者を、常に騒然としていて、刺激が枯れない状態と、疑念と欲求不満の状態にとどめておくために、絶えず新たな誘惑にさらす必要がある。消費者に関心を移動するよう指示する餌は、不満の解消法を提示しながら、そうした疑念を確認する必要がある。「おまえは、すべてを見つくしたとでも思っているのかね？　まだ何も見ていないのに！」といったぐあいに。［Bauman, 2005b=2008:53］

消費者が新たな誘惑へと晒され、消費への欲望を喚起するためには、絶えず未知のモノの世界へと関心を向け続けなければならない。ここで、Z・バウマンが「消費能力」と言っていることに注意しておきたい。Z・バウマンの「消費者の消費能力を増大させるためには、彼らに休息を与えてはならない」という文章は、「消費者」を「労働者」に、「消費能力」を「生産能力」に入れ替えれば、かつての生産社会にそのまま当て嵌《は》まる。

近代生産社会においては、「労働者の生産能力を増大させるためには、彼らに休息を与えてはならない」というのが資本主義の標語で、労働者には勤勉さが求められた。消費社会にあっては、労働者ではなく消費者に勤勉さが求められるのである。生産社会でも消費社会でも「勤勉さ」や「能力」が要求されるのは同じであるとしても、生産社会で労働者に対して要求される「勤勉さ」「能力」と消費社会で消費者に要求される「勤勉さ」「能力」とは質的に異なっている。この点に関して、Z・バウマンは以下のように述べている。

生産社会にあっては、失業者（一時的に「生産ラインからはずされている」者も含まれる）は不幸で悲惨だったかもしれないが、社会でのその位置は疑問の余地のない安定したものであった。生産の前線では、まさかの時にはボロボロになった部分に取って代わることのできる強力な予備隊の必要性を、いったい誰が否定できようか。ところが、消費社会において実力を発揮できない消費者というのは、それほど確かなものではありえない。彼らについてただひとつ確実に言えることは、町で唯一のゲームから追い払われてしまったがゆえに、彼らはもはやプレーヤーではなくなっている――したがってもはや必要とされていない、ということである。かつては、生産者の卵であるためには、生産者仲間への入場許可のために設定された諸条件を充たしているだけでよかった。しかし、消費者仲間への入場許可を得るためには、勤勉な消費者になるという見込みと消費者の地位にたいする所有権の主張だけでは、十分とは言えないだろう。欠陥があり不完全で実力の発揮できない消費

者の余地など、消費者社会にはまったくないのである。［Bauman, 2004=2007:23-24］（傍点原文）

消費社会における「普通の生活」とは、愉快な感覚と生き生きした経験を味わうために、ひと揃いの公に提示された機会の中から自ら選択を行うことに専念する、消費者の生活のことである。「幸福な生活」とは、多くの機会をものにして、ほとんどあるいはまったく逃すことなく、多くの人々がそれについて語り、欲しいと望んでいる機会を手に入れ、他の人々に遅れをとらずに、できれば人よりも早く手にすることであると定義される。［Bauman, 2005b=2008:75-76］

上記でZ・バウマンは「公に提示された機会」「多くの機会」「多くの人々が欲しいと望んでいる機会」と述べているが、マニア消費においては、「非公式／シークレットに提示された機会」「少ない機会」「限られた人たちが欲しいと望んでいる機会」が重要だと言えるだろう。もちろん、消費社会においては、普通の消費者であるかマニア消費者であるかに関係なく、Z・バウマンが指摘しているように、機会を逃すことなく、「遅れをとらずに」「早く手にすること」は「幸福な生活」の条件であるに違いない。

Ｚのシューズ履いてる人は、やっぱりＳ〔ブランド名〕のブーツにいきますよね。Ｓはモデルみたいなものですからね。Ｌさん〔Ｚのデザイナー〕も研究のために随分ストックしてるみたいですよ。ヨーロッパの有名ブランドで、二〇足くらいから注文受けてくれるのは、Ｓぐらいでしょう。〔ショップ店員四〇歳代男性の話。二〇一〇年五月、名古屋・大須のショップにおいて〕

世界同時不況と円高に見舞われ、「嫌消費」[★17]という言葉が登場するほど、消費が低迷している中で、ＳＦ系消費に邁進するマニアたちは、もちろん平均的な消費者ではない。けれども、長期化している不景気の最中であっても、ＳＦ系マニアに見出されるような消費行動は、高度消費社会における「分かるものにだけ分かる」というマニア的消費の典型的なパターンの一つである。

マニア的消費に共通するのは、その消費行動がアイテムとしての商品へと向かっていること

★17　嫌消費とは、二〇歳代後半の若者たちの消費行動に見出された「十分な収入があっても消費しない」傾向を指して、松田久一〔松田、二〇〇九〕が用いた言葉である。

である。ここでアイテムと言うのは、コンピュータＲＰＧ[★18]の主人公（キャラクター）が各ステージをクリアしていくために獲得していかなければならない武器や道具のようなものを意味している。ステージごとに必要なアイテムを次々に取り替えていくＲＰＧは、消費ゲームに酷似している。

> 消費主義症候群によって、人々の関心は、（無機的なものであれ、命あるものであれ）何かをしっかり摑まえておき、それへの愛着やコミットメントを長期的に（もちろん決して終わらないように）維持するテクニックではなく、そうした何かが歓迎期を越えても長居しないようにする対策に向けられるようになった。「消費主義症候群」のポイントは、スピード、過剰、浪費にある。［Bauman, 2005a=2008:145］（傍点原文）

ただ、状況（ステージ）に応じて適切にアイテムを獲得し使い分けていけば、ＲＰＧが終了するのに対して、アイテム消費ゲームには終わりがない。

もっとも、消費者は、飽きるということで、アイテム消費ゲーム自体から降りることは可能である。けれども、消費者にとって、消費ゲームから降りることは、欲望の対象を見失い、社会的順応の手段を奪われ、自らのアイデンティティを危機へと陥れることになる。こうした消費者のアイデンティティ危機をＺ・バウマンは、「最も不吉な恐怖心」だと言う。

欲望の期待がしぼんで消失していき、それを蘇らせるものが何も見えないか、欲望の対象となるものが何も存在しない状態こそ、理想的な消費者の恐怖心の中でも、もっとも不吉なものに違いない。〔Bauman, 2005b=2008:53〕

消費社会において、社会的な降格、「国内追放」へと導くものは、とくに、その人物の消費者としての不的確性である。置き去りにされ、権利を剥奪され、降格され、他の人々が入場を許される社会的な祝宴から閉め出され、排除される苦痛へと変わるのは、自らの消費者としての義務を果たすことへの不的確性であり、無能力である。〔Bauman,

★18　コンピュータＲＰＧとは、コンピュータゲームのジャンルの一つで、「ドラゴンクエスト」「ファイナルファンタジー」「ポケットモンスター」シリーズなどに代表されるような、コンピュータを用いたロールプレイングゲーム（ＲＰＧ）のことである。

2005b＝2008:76〕

欲望の期待がしぼみつつある消費者が不吉な恐怖心を拭い去るためには、オルタナティブな消費行動を模索するしかない。さもないと、「消費者として不的確＝無能力」という烙印を押されて排除される、とまでZ・バウマンは言う。

生産社会と消費社会で要求される「勤勉さ」「能力」が質的に異なっているのと同様に、社会的排除という点でも、排除の在り方が生産社会と消費社会では質的に異なっている。Z・バウマンは、生産社会と消費社会の排除の違いに関して、以下のように述べている。

リキッド・モダンな消費社会に固有のホモ・サケルという新しいカテゴリーが急速に成長している。そこに含まれるのは、予想されるように、「欠陥のある」消費者、あるいは失敗した消費者である。生産社会では、怠惰な人間は、治療とリハビリの候補者でもあり、一時的に不幸な目にあっても、遅かれ早かれ再び共同体へ吸収され、再度再参加を認められる見込みがあった。しかし、ビオス（ゾーエすなわち純粋に動物的な生とは異なる生）の現行基準に見合わない人間は、このような「医療ケース」ではなく、本当に完全に使いものにならない人間とされる。つまり、消費社会としてみずからを再構成した社会にとって、

過剰で無駄な存在である。★19［Bauman, 2005a:173-174］

６　消費における「人間性の喪失」？

さて、本章の冒頭で引いた新聞記事で取り上げられていたスマホに行動の基点をおく「今どきの若者たち」に関して、同世代の佐藤薫は以下のように述べている。

いまの日本人、特に私と同世代の若い人々は、日本に閉じこもるだけでなく、家でイン

★19　ただ、Z・バウマンが排除された者でも「生産社会では再度参加を認められる見込みがあった」と言うのは、消費社会の悲惨さを過度に誇張するための表現であるように思われる。むしろ、「生産社会に存在していた矯正・治療・更正というイデオロギーが消費社会で喪失した」と言うほうが正鵠を得ているのではないだろうか。

ターネットをしながら、日々を無為に過ごしがちのように感じます。つねにネットがないと生きていけない、皆とつねに繫がろう、よりひとつになろうとするあまり、人間性を失い、生きるために無感動に働き、それ以外の時間は、皆がいるネットに閉じこもる、そんな状態です。確かに便利さを問うのであれば、四六時中連絡がつき、見たもの聞いたものをすぐに多数大勢と共有できるいまの状況は素晴らしいものでしょう。しかしいまや、レストランなどに来ているどう見てもカップルの二人が、お互い一心不乱にスマホをいじり、ネット越しに会話しているのです。二人にとってそれが幸せであるのであれば、それで良いという考えもありますが、見ていてなにか恐ろしいものを感じます。［佐藤、二〇一四：一五一～一五二］

上記の言説をみれば、今や、オタク的行動をとるのがオタクにとどまらないことは容易に理解できるだろう。ここで興味深いのは、「皆と繫がろう、よりひとつになろうとするあまり」「人間性を失い」と書かれていることである。同世代であっても、非現実のリアルを共有していない他者を目前とした際、「見ていてなにか恐ろしいもの」を感じてしまうのである。至極人間的な行為であるはずの「皆と繫がろう」「よりひとつになろう」とすることが、何故、「人間性を失」う、「なにか恐ろしいもの」に感じたのだろうか？

ポール・ロバーツは、『「衝動」に支配される世界（原題 The Impulse Society）』で以下のように述べている。

経済の規模自体は非常に大きくなったが、経済活動の大半（アメリカでは七〇％）が製造ではなく「消費」に集中している。また、その消費のかなりの部分が人の意思によるものだ。つまり、必要だから消費が行われるのではなく、人間の内側の目に見えない基準が人々を消費に仕向けるのだ。「見えない基準」とは、より具体的に言うならば、夢や希望、アイデンティティや秘密の欲望、不安や退屈などである。〔中略〕市場全体が個人に波長を合わせるようになる。ほんの少しずつ、また製品ごとに、市場は個人に近づいてきている。

〔Roberts, 2014=2015:18〕

非人間性と恐怖の感覚を生じさせた理由の一つは、P・ロバーツが指摘しているような消費市場の行き過ぎた巨大化が「人間の内側の目に見えない基準」の力で個々人（の消費行動）へと作動していることに起因している、と考えられる。

行き過ぎた消費市場が巨大化していく社会に、ジョージ・リッツアは「無のグローバル化 The Globalization of Nothing」という特徴を見出している。

社会、とりわけ消費社会は、ますます無によって特徴づけられている。ここでいう「無」は特有な実質的内容を相対的に欠いており、概して中央で構想され、管理される社会形態を指す。この定義は、このような社会形態が望ましいか否か、それらがますます蔓延しているかどうかなどの判断を含意していない。[Ritzer, 2004=2005:4]

全世界の人びとは非場所（ショッピングモール、ラスベガスのカジノ）で、より多くの時間を費やし、非モノ（オールドネイビーのTシャツ、ドルチェ＆ガッバーナのドレス）や、非ヒト（バーガーキングのカウンター係、テレマーケッター）、非サービス（ＡＴＭ、アマゾン・コムが提供しているもの）を享受している。[Ritzer, 2004=2005:xvi-xvii]

Ｇ・リッツアが「無 Nothing」の事例として挙げているのは、アメリカの人々が好む人気のファストファッションやブランドファッション、頻繁に訪れる商業地やエリア、あるいは日常的に利用する機械・通信サービス（リッツアによれば非サービス）である。興味深いのは、多くの人々が身につけたり、訪れたり、関わったりするモノ（消費物）に対して、「無」という直感的な言葉をＧ・リッツアが用いたことである。確かに、Ｇ・リッツアの言うような「非場所」「非モノ」「非ヒト」は、「特有の実質的内容を相対的に欠いている」と感じられるけれども、といって、それらのモノ（消費物）に特有の実質的内容がなくても「非存在」であるわけではない。おそらく、G・リッツアは、モノ（消費物）に対して「無」を直感しているのではなく、モノに関わっている人々に対して「人間性の喪失＝人間性の無」を直感しているのではないだろうか。というのは、大多数の人々が好んで訪れる東京ディズニーリゾートへ行くと、私自身も何故かディストピア dystopia を訪れているような感覚に襲われるからである。

ディズニーワールドについて、G・リッツアは『消費社会の魔術的体系（原題 Enchanting a Disenchanted World)』で以下のように述べている。

ディズニーは何よりも遊園地をきれいにし、ほとんどの初期遊園地よりはるかに「道徳的な」秩序を創り上げ、家族向けの娯楽場として受け入れられるようにして、遊園地の世界を変貌させた。ディズニーは、初期遊園地を弱体化させたような問題をもたない、管理された自己完結的な環境を提供した。それは現在のテーマパークのほぼすべての特徴である秩序と規制の先駆けであった。コニーアイランドなどの初期遊園地の主な魅力は「高度に規制された、格式張った社会状況……からのつかの間の休息」を訪問客に提供したことにあったが、ディズニーワールドの主な魅力とはまさしく、そのような厳しい規制である。言い換えれば、コニーアイランドなどの遊園地は「道徳の休暇」を提供したが、ディズニーワールドは外部の要求にしたがうことを重視する新しい道徳を創り出した。〔Ritzer, 2005=2009:23-24〕

ディズニーランドやディズニーシーへ行けば、G・リッツアが指摘したようなディズニーワールドによって創り出された「新しい道徳」に従って、ゴミ箱や灰皿を不慣れな仕草で利用しているヤンキーっぽい人たちを誰でも目撃することができるはずである。安全で「予測可能で」「訪問客をだます催し物詐欺師がいない」清潔で綺麗な〔Ritzer, 2005=2009:24〕ディズニーワールドは、その魔術によって、アトラクションが不足しているために必然的に生じている入場者（消費者）の待ち時間を「楽しい」「思い出」へと変えてしまうのである。少なくない消費者たちが真顔で「今日は一時間待っただけでスプラッシュマウンテンに乗れたからラッキー」とさえ言わされてしまう。東京ディズニーリゾートのような――ある意味で極めて洗練された――消費空間に対して、私が抱くディストピアというイメージは、消費者たちが自らの意思で進んで魔法（トリック）にかかっていることを楽しんでいるところから来るのだろう。

アラン・ブライマンが『ディズニー化する社会（原題 The Disneyization of Society）』で言及している「ハイブリッド消費」という市場戦略は、「魔法にかかる」ディストピアが都市の消費空間へと拡張しつつあることを示唆している。

「ハイブリッド消費」とは、従来別々の消費領域に存在していた消費形態が重なり合い、ますます区別しにくくなっている一般的な傾向を意味する。ハイブリッド消費が結局もたらしたものは消費の脱差別化であり、消費形態に従来あった区別が存在しないと言えるほど曖昧になってきている。〔中略〕ハイブリッド消費システムによって、消費形態は今までにない想像力に富んだ方法で結合しているのである。〔中略〕ハイブリッド消費の場合は、その根本原理は人々を繋ぎ止めておくことなのである。本質的に、消費品目が多く混在するほど、消費者はまず第一に引きつけられた場所に長く留まることになる。極端な場合は、その目的は目的地、つまりしばらくの間人々を繋ぎ止めておく意義のある場所を創造することになる。〔Bryman, 2004=2008:114〕（傍点原文）

A・ブライマンの言う「ハイブリッド消費」という言葉で私が想起するのは、札幌の駅前通地下歩行空間「チ・カ・ホ」、名古屋の「大須」、大阪の「中崎町」「ホリエ」、神戸の「北長狭通」「旧居留地」、東京の「アキバ」「表参道」「裏原」「渋谷キャットストリート」「代官山」「中目黒」「新宿伊勢丹」などである。それらは――G・リッツアの言葉を借りて言うならば――

それぞれが特有の実質的内容を有した場所であったが、ハイブリッド消費化によって、「特有の実質的内容を相対的に欠いた非場所」へと移行しつつあるように感じられる。[★20] すなわち、A・ブライマンの言うまさに「その目的は目的地」という場所であり、「しばらくの間人々を繋ぎ止めておく意義のある場所」なのである。

ただ、東京ディズニーリゾートに対する私のディストピアという感覚は、本節冒頭で引いたネットで「皆と繋がろう」とする人々に対する佐藤による「人間性を失い」という感覚と似ているようで、何かが違っている。同じ感覚と全く異なる感覚が共存していると言った方が良いかもしれない。

同じ感覚とは、旧世代が新世代のリアリティ形成に関して感じる違和感である。「今の若い者は……」という物言いは、いつの時代も変わらない。だから、こうした違和感は、自分が時代の変化に追いついていないだけで、見当違いなことも多い。

全く異なる感覚とは、佐藤の「人間性を失い」という感覚と私のディストピアという感覚との根本的な違いである。佐藤はネットで「皆と繋がろう」と躍起になっている人々に対して「人間性を失い」「見ていてなにか恐ろしい」と感じているけれども、私は東京ディズニーリゾートで楽しんでいる人々を見ても恐ろしいとか人間性を失っているとは感じない。むしろ私がディストピアを感じるのは、来場客を馴致させてしまう東京ディズニーリゾートという高度に洗練された人工的なシステムに対してである。

おそらく、「人間性の無＝人間性の喪失」をG・リッツアが直感したのは、ＲＰＧで役割を演じるのに興ずるプレイヤーが人工的なゲームの規則に囚われることを楽しんでいるように、消費者が消費社会を生きていると感じたからである。けれども、ＲＰＧのプレイヤーはそれがゲームであることを自覚しているように、消費者もそれが消費ゲームであると自覚して消費者を演じているのである。だから、ブライマンの言う「ハイブリッド消費」が都市の消費空間へと拡張していくとしても、「消費の脱差別化」が完成してしまえば、「その目的は目的地」という場所ではなくなってしまう。東京ディズニーリゾートのように、「消費の脱差別化」のために変化し続けなければ、「人々を繋ぎ止めておく意義のある場所」であり続けることはできないのである。

どんなゲームやスポーツ・競技も特定のルールに従ってなされるからこそある種の楽しみが

★20　例えば、「アキバ」「大須」「ホリエ」などは、かつて電気屋街・家具街・繊維問屋街という特有の実質的内容に特化した場所であった。

生じることからしても、自ら進んで規範に馴致する人々に着目してなされる「人間性の喪失」という批判が消費主義社会の核心を突いているようには思われない。

7　消費主義社会と社会的排除

ところで、消費市場が個々人に対して消費へと誘っていく在り様を、Z・バウマンは『コラテラル・ダメージ』で以下のように述べている。

商品の提供者が用いる秘策は、個人が管理する資源しか動員されない状態では（すなわち、広く承認され、受け入れられている個人を越えた力によって保証されるか、もしくは保証が約束されている手段が存在しない状態）両立させることが明らかに不可能なものを両立させること、すなわち、選ばれたアイデンティティの安定性（たとえ短期間でも）とその確実性を両立させることである。［Bauman, 2011=2011:128］

いったん現在のアイデンティティが不安定になり、魅力を失ったら、すみやかに別のも

> のに置き換えることである。ようするに、アイデンティティを持続させる能力と要求に応じてそれを変化させる能力、すなわち、「自分自身である」能力と、「誰か他の人間になる」能力を両立させることである。リキッド・モダンの状況が求めているのは二つの能力を同時に備えることであり、消費市場が提供すると約束しているものは、二つの能力を働かすのに必要な手段と象徴である。［Bauman, 2011=2011:128-129］

ここでZ・バウマンが言う「アイデンティティを持続させる能力／要求に応じて変化させる能力」や「自分自身である能力／誰か他の人間になる能力」、これら「両立させることが明らかに不可能なもの」を消費市場が提供するという約束に、消費者はどうして巻き込まれてしまうのか。Z・バウマンは、消費者がある種の道徳的義務を動員しているからだ、と言う。

> 消費者が自分のわがままを正当化するには、「お前はお金を稼いだ」、「それを手にするのにふさわしい」、だから「それを自分のものにする」といった道徳的な義務の領域から借りるか盗んできた言葉を、再度動員する必要があり、実際に動員している。［Bauman, 2011=2011:129］

そして、Z・バウマンはそうした道徳的エネルギーによって作動された消費市場の巨大化は、とどまることを知らず、危険な臨界点に近づきつつある、と指摘する。

消費主義経済はいったん動き出し、道徳的なエネルギーによって作動し続けると、とどまることを知らない。それが想定する職務に忠実であるためには、そのペースを落とすことはできないし、もちろん静止していることもできない。したがって、それは地球の耐用度や資源が無限であることを前提にしなければならない。〔中略〕だが今やそうした想定が誤りであり、そうした想定の危険性が明らかになる時期に近づいている。〔Bauman, 2011=2011:133-134〕

このように行き過ぎた消費市場の巨大化が、グローバル化と協奏することで、不平等や社会的排除を拡大していることを示し、「地球の資源や自然環境を破滅へと導きつつある」という予言的警告を行っているのは、Z・バウマンやG・リッツアだけではない。★21

資本主義経済は、自然資源が枯渇したり、気候が変動したりしても、まだ機能してゆくでしょう。それが、持続可能な発展を支持する人々と、実体のない資本主義の支持者が考える現実です。〔少なくとも一部の〕企業は、成長を続けることができ、取引高が利益と同じように上昇してゆくのを見つづけることができるでしょうが、一方で、飢餓、流行病、戦争によって九割の人々が皆殺しになってゆくのです。〔中略〕私たちがいいたいのは、いまとは別のやり方ができる世界があり、そこではいまとは異なるやり方で現在を生きることができ、またそうしなければならないということです。〔中略〕脱成長というのは、第三の道で、自ら選択した節制という道です。［Latouche & Harpagês, 2012=2014:122-124］

その現実に足を踏み出すかどうか問うこと、つまり、他人が存在しないのなら私とは何者であろうかと問い、いまそれをしなかったらいつできる日があるかと問うことは、市場の論理への反抗である。また、過去に存在した価値を求めることでもある。さらには、「個人の自由と力は、それがより大きなもののために使われるときに真に実現される」と認識

★21　例えば［Klein, 2000=2001］［Klein, 2002=2003］［Latouche, 2004=2010］［Latouche & Harpagês, 2012=2014］［Bauman, 2004=2007］［Bauman, 2005a=2008］［Bauman, 2005b=2008］など参照。

することである。〔中略〕つまり、近視眼的で、自己陶酔的で破壊的な現状こそが、社会が実現できる最善のものなのだという考え方を否定することによって、第一歩を踏み出すのだ。［Roberts, 2014=2015:339］

8　オルタナティヴの困難

前節でみてきた提言は、現在のグローバルな人間社会において――すなわち、国民国家という枠を超えて――、何らかのコモンズを生成しようという呼び掛けである。一般に馴染みの無いコモンズという言葉を日本語にするのは難しいけれども、都市と消費社会に関する対談で、内田隆三はコモンズに関して以下のように述べている。

景観でもかまいませんし、私的でもないが、公的なものでもない、いわばみんなが使用できて、でも誰のものでもない場。そういう実践が可能な領域や媒体であればいい。そんな感じがします。［内田ほか、二〇一五：一二］

けれども、ある特定の景観が「みんなが使用できて」「誰のものでもない場」として保全されたとしても、その景観自体が市場価値を高めるモノとして消費対象となってしまうのだ。つまり、現代消費社会において、そうしたコモンズ自体が消費されるモノとして商品化されていくという逆説を既に招いているのである。★22

かつてG・リッツァは『マクドナルド化する社会（原題 The McDonaldization of Society）』で「毎日ちがったやり方で、できるかぎり多くのことをしようとしなさい」「もっと一般的には、できる限り多くのことを自分自身でしなさい」〔Ritzer, 1996=1999:317〕などと提言した。こうしたG・リッツァの提言に対して、ジョセフ・ヒースとアンドルー・ポターは、以下のように皮肉っている。★23

リッツァのすすめているライフスタイルがどういう人間のものかはすぐわかる。それは変わった趣味を持ち、たんまり給料をもらい、自由な時間がたっぷりある、終身在職権を得た大学教授のライフスタイルだ。〔Heth & Potter, 2005=2014:281〕

ただ、多くの大学教員が受験生の確保を目的として様々な年間行事をこなし、授業時間確保などアリバイ的業務に駆り立てられている現在においては、J・ヒースとA・ポターが揶揄している大学教授のライフスタイルも、ほとんど現実離れした幻想となりつつある。
G・リッツアは、後に『消費社会の魔術的体系』を以下のように結んでいる。

消費に代わり得るすべての事柄は、復活する見込みのない過去への逆行のように見える。経済が最も深刻な不況または恐慌に陥る可能性があるとしても、それは回復するであろう。そして、消費者および消費者のニーズを生み出し、それを満たすために必要な消費手段は、消費者と消費手段を現在よりはるかに重要にするような再生を享受するであろう。〔中略〕とはいえ、目下の問題は消費および消費を抗し難くしている環境をますます特徴とするようになった社会のなかで、どのようにしてより有意義な生活を送るのかである。［Ritzer, 2005=2009:373］

消費市場主義批判を展開している多くの論者が指摘しているように、私たちは決して「過去へと戻る」ことはできない。実のところ、「天然資源の枯渇」や「自然環境の破滅的状況」が目前に迫っているか否かということについて、私は判断することはできない。なぜならば、一般に危惧を抱かれている「天然資源」や「自然環境」とは、あくまでも現時点で「人間にとって有益・有用と考えられている自然・資源」に過ぎないからだ。地球上ということに限定しても、生命体の誕生から現在までをスパンとしてみれば、人間が永遠に生態系の頂点に立ち続けると考えるのは、全くの非科学的想定に違いない。

私に可能なのは、消費主義社会において拡大している不平等や不公正を「人間性の喪失」という想定なしに考察し続けることである。なぜなら、消費主義を拡大し、現在まで押し進めてきたのは、何でもなく他ならぬ「人間性」なのだから……。

★22　［内田ほか、二〇一五］参照。また、Z・バウマンは、節制というような道徳が消費主義で直面している困難性を結婚に喩えて以下のように皮肉っている。
「消費主義と道徳（モラル）の込み入った関係について明確な判断を下すのは慎重でなければならない。現時点で明らかなように、この関係には今日の結婚が抱える多くの困難と共通する面が見られる。つまり、パートナー同士は共に暮らすことを困難で嫌悪感を覚える耐え難いものと感じているが、それでも相手がいなければやっていけず、離婚など思いもよらない選択肢である」。［Bauman, 2011=2011:120］

★23　J・ヒースとA・ポターは、同様の批判をナオミ・クライン［Klein, 2000=2001］に対して行っているが、論理的には的を射ている。

文献

Baudrillard, Jean, 1970, *La société de consommaion : Ses mythes, ses stuructures*, Gallimard.（＝一九七九、今村仁司・塚原史訳『消費社会の神話と構造』紀伊國屋書店）

Bauman, Zygmunt, 2004, *Wasted Lives : Modernity and its Outcasts*, Polity Press.（＝二〇〇七、中島道男訳『廃棄された生――モダニティとその追放者』昭和堂）

Bauman, Zygmunt, 2005a, *Liquid Life*, Polity Press.（＝二〇〇八、長谷川啓介訳『リキッド・ライフ――現代における生の諸相』大月書店）

Bauman, Zygmunt, 2005b, *Work, Consumerism and New Poor, Second Edition*, Open University Press.（＝二〇〇八、伊藤茂訳『新しい貧困――労働、消費主義、ニュープア』青土社）

Bauman, Zygmunt, 2011, *Collateral Damage : Social Inequalities in a Global Age*, Polity Press.（＝二〇一一、伊藤茂訳『コラテラル・ダメージ――グローバル化時代の巻き添え被害』青土社）

Bryman, Alan, 2004, *The Disneyization of Society*, Sage Publications.（＝二〇〇八、能登路正子監訳・森岡洋二訳『ディズニー化する社会――文化・消費・労働とグローバリゼーション』明石書店）

藤岡和賀夫、一九八四、『さよなら大衆。――感性時代をどう読むか』ＰＨＰ研究所

深澤真紀、二〇〇七、『平成男子図鑑――リスペクト男子としらふ男子』日経ＢＰ社

博報堂生活総合研究所、一九八五、『「分衆」の誕生――ニューピープルをつかむ市場戦略とは』

日本経済新聞社
原田曜平、二〇一三、『さとり世代——盗んだバイクで走り出さない若者たち』角川書店
Heath, Joseph & Andrew Potter, 2005, *The Rebel Sell : Why the Culture can't Be Jammed*, Harper Collins Publishers.（＝二〇一四、栗原百代訳『反逆の神話——カウンターカルチャーはいかにして消費文化になったか』NTT出版）
池田昌恵・中根光敏、二〇〇六、「消費社会論の変遷」『広島修大論集』四七—一
Klein, Naomi, 2000, *No Logo : Taking Aim at the Brand Bullis*, Westwood Creative Artist Ltd.（＝二〇〇一、松島聖子訳『ブランドなんか、いらない——搾取で巨大化する大企業の非情』はまの出版）
Klein, Naomi, 2002, *Finance and Windows : Dispatches from the Front Lines of the Globalization Debate*, Westwood Creative Artist Ltd.（＝二〇〇三、松島聖子訳『貧困と不正を生む資本主義を潰せ——企業によるグローバル化の悪を糾弾する人々の記録』はまの出版）
Lasch, Christopher, 1978, *The Culture of Narcissism : American Life in An Age of Diminishing Expectations*, W.W.Norton & Company.（＝一九八一、石川弘義訳『ナルシシズムの時代』ナツメ社）
Lasch, Christopher, 1984, *The Minimal Self : Psychic Survival in Troubled Times*, W.W.Norton & Company.（＝一九八六、石川弘義・山根美佐・岩佐祥子訳『ミニマルセルフ——生きにくい時代の精神的サバイバル』時事通信社）
Latouche, Serge, 2004, *Survivre au développement : De la décolonisation de l'imaginaire économique à la*

construction d'une société alternative, Mille et une nuits.（＝二〇一〇、中野佳裕訳『経済成長なき社会発展は可能か？――〈脱成長《デクロワサンス》〉と〈ポスト開発〉の経済学』作品社）
Latouche, Serge, 2007, *Petit traité de la décroissance sereine*, Mille et une nuits.（＝二〇一〇、中野佳裕訳『経済成長なき社会発展は可能か？――〈脱成長《デクロワサンス》〉と〈ポスト開発〉の経済学』作品社）
Latouche, Serge & Didier Harpagès, 2012, *Le temps de la décroissance, Éditions le boro de l'eau.*（＝二〇一四、山本直樹・佐藤薫訳『脱成長（ダウンシフト）のとき――人間らしい時間をとりもどすために』未來社）
松田久一、二〇〇九、『「嫌消費」世代の研究――経済を揺るがす「欲しがらない」若者たち』東洋経済新報社
見田宗介、一九九六、『現代社会の理論――情報化・消費化社会の現在と未来』岩波書店
森岡正博、二〇〇八、『草食系男子の恋愛学』メディアファクトリー
中根光敏、一九九七、『社会学者は2度ベルを鳴らす――閉塞する社会空間／熔解する自己』松籟社
中根光敏、二〇〇三、「モノと消費をめぐる社会学的冒険」中根光敏・野村浩也・河口和也・狩谷あゆみ『社会学に正解はない』松籟社
中根光敏、二〇一二、「消費される労働／労働化する消費」『広島修大論集』五二―二
中根光敏、二〇一五、「消費社会論という問題構成」『広島修大論集』五六―一
新倉貴仁、二〇一五、「都市とスポーツ――皇居ランの生‐政治」『iichiko』一二六

大塚英志、一九八九、『物語消費論――「ビックリマン」の神話学』新曜社

Riesman, David, 1950→1961, *The Lonely Crowd : A Study of the Changing American Culture*, Doubleday.（＝一九六四、加藤秀俊訳『孤独な群衆』みすず書房）

Ritzer, George, 1996, *The Mcdonaldization of Society, Revised Edition*, Pine Forge Press.（＝一九九九、正岡寛司訳『マクドナルド化する社会』早稲田大学出版部）

Ritzer, George, 2004, *The Globalization of Nothing*, Pine Forge Press.（＝二〇〇五、正岡寛司監訳、山本徹夫・山本光子訳『無のグローバル化――拡大する消費社会と「存在」の喪失』明石書店）

Ritzer, George, 2005, *Enchanting a Disenchanted World : Revolutionizing the Means of Comsumption*（*Second edition*）, Pine Forge Press.（＝二〇〇九、山本徹夫・坂田恵美訳『消費社会の魔術的体系――ディズニーワールドからサイバーモールまで』明石書店）

Roberts, Paul, 2014, *The Impulse Society: America in the Age of Instant Gratification*, Bloomsbury Publishing Plc.（＝二〇一五、東方雅美訳『「衝動」に支配される世界――我慢しない消費者が社会を食いつくす』ダイヤモンド社）

桜木ピロコ、二〇〇九、『肉食系女子の恋愛学――彼女たちはいかに草食系男子を食いまくるのか』徳間書店

佐藤薫、二〇一四、「訳者あとがき」『脱成長（ダウンシフト）のとき――人間らしい時間をとりもどすために』未來社

内田隆三・鄭栄龍・森反章夫・山本理奈、二〇一五、「座談会 都市東京の問題系――コモンズと消費社会を焦点にして」『iichiko』一二六
上野千鶴子、一九八七、『〈私〉探しゲーム――欲望私民社会論』筑摩書房（→一九九二、『増補〈私〉探しゲーム』筑摩書房）
牛窪恵、二〇〇八、『草食系男子「お嬢マン」が日本を変える』講談社
牛窪恵、二〇一三、『大人が知らない「さとり世代」の消費とホンネ――不思議な若者マーケットのナゾを解く！』ＰＨＰ研究所
山岡拓、二〇〇九、『欲しがらない若者たち』日本経済新聞社

第4章　労働問題の医療化

「うつ病」という労働災害の登場

田中慶子

1　電通過労自殺裁判

現在、日本では労働者の心の病の発症率ならびに自殺率が高まっている。厚生労働省によれば、一九八三年から統計を取り始めた労働災害認定数のなかで、二〇一七年度の精神疾患による労働災害申請と労働災害認定数が過去最多になったという。ここで言う精神疾患とは、主として「うつ病」である。うつ病発症の原因は「ハラスメント」「いじめ」「上司や同僚とのトラブル」など職場における対人関係にある、と報じられている。現代の労働者は職場の対人関係で精神疾患を発症したり、自殺したりする傾向が高まっている、と考えられているのである。

日本の労働災害認定において、過労自殺および精神疾患などの心の病の件数が増加するようになったのは、電通過労自殺裁判（以下、電通裁判）以後である。本章で扱う電通裁判とは、一九九一年に自殺した男性新入社員の「自殺の責任の所在」をめぐる裁判を指している。

電通裁判が起こるまで、日本の労働行政では、自殺を労働災害として認めず、また精神疾患を原則として認定しない方針をとってきた。その理由は、自殺は個人の意思（決定）でなされるものであり、自殺の責任は自殺者本人の個人的な責任と考えられていたからだった。また、うつ病などの精神疾患は、個人の性格や素質・体質で発症すると考えられてきたことから、精神疾患も自殺も自己責任＝個人的な問題で、企業側に責任がないと、労働災害認定されなかったのである。

では、なぜ電通裁判以後、厚生労働省は過労自殺や精神疾患などの心の病を個人の責任ではなく、企業側に責任のある労働災害と認定するようになったのだろうか。また、なぜ過労自殺や精神疾患の労働災害申請数と認定数が増加傾向にあるのだろうか。

簡潔に述べれば、電通裁判の判決によって、働き方と心の健康に関する考え方が変化したからである。今日では、長時間労働とうつ病と過労自殺にはそれぞれ関連性がある、と考えられている。その事例に、二〇一三年新語・流行語大賞のトップテンに選ばれた「ブラック企業」

が挙げられるだろう。

ブラック企業の特徴に、新入社員が企業側から長時間労働を強制された結果、うつ病を発症し、休職や過労自殺に至るといったケースが取り上げられ、どのようにして身を守るかという方法が紹介されている［今野、二〇一二］。また、大学での就職活動に関するキャリア講座には、ブラック企業の見極め方を大学生に教えるものもある。

繰り返しになるが、電通裁判が起こるまで、自殺も精神疾患も個人特有の問題であるとされ、その責任は個人に帰せられてきた。しかし、電通裁判の判決から、厚生労働省は「長時間労働などの業務に起因する自殺や精神疾患の発症については、企業側の労働者の健康管理方法・働かせ方に問題がある」と労働災害認定する基準を新しく策定した。すなわち、電通裁判が、私たちの働き方と心の健康は個人の問題ではなく、職場の問題――労働問題――だという新しい考え方を作った、と言ってもいいだろう。その際に重要なのは、電通裁判以後に策定された労働災害認定基準である。そもそも自殺やうつ病などの精神疾患を労働災害認定する基準がなければ、自殺もうつ病といった精神疾患も労働災害にならない。

現在、うつ病や自殺による労働災害の申請数や認定数が増加傾向にあるのは、うつ病や自殺が長時間労働などの業務が原因で発症するものだ、と多くの人々が考えるようになったからである。では、電通裁判によって、個人特有の心の問題として考えられていた自殺や精神疾患は、どのように労働災害、すなわち労働問題へと社会的に構成されたのか。電通裁判に関して考察することを通じて、うつ病が労働災害とされ、社会問題として構築されていく過程をみていく。

そのために、日本の労災認定において過労自殺および精神疾患が増加する契機となった電通裁判を事例に、本裁判における精神医学的知識が果たした役割を、構築主義的アプローチを用いて、明らかにする。構築主義的アプローチでは、社会的メンバーの一員（個人や集団）が何らかの想定された状態について苦情を述べ、クレイム申し立て（社会問題だと告発・異議申し立てをする活動）することから、ある問題が「社会問題の構築過程に入った」とみなす。あるメンバーからのクレイム申し立てに対して、別のメンバーから反論として対抗クレイムがなされ、クレイムと対抗クレイムが応酬されるプロセスの分析を通じて、当初告発された問題が変更・修正・消滅・再構成されていくことを記述していく。構築主義的アプローチは、取り扱う社会問題に関して、「実際にその問題が存在するか否か」を含めて「それらが事実であるのか否か」など客観的状況や真実を括弧に括り、あくまでもクレイム申し立てや対抗クレイムを行う複数の主観がせめぎあうことによって社会問題が構成される、という視角をとる。本章で扱う電通裁判は、「自殺者の自殺原因と責任をめぐって争われた裁判」であるけれども、原告（遺族側）のクレイム申し立てや被告（企業側）の対抗クレイムは言うまでもなく、裁判所の事実認定・判断に関しても、それぞれ主観に基づいた主張・認定・判断である、というスタンスをとるのが構築主義的アプローチである。

　社会学という学問が社会問題を研究する際、「客観的な社会問題」とか「真の社会問題」など存在しない。社会学という学問的知識をどれほど動員しても、「原発が安全か危険か」「地球温暖化が進行しているか否か」などを科学的に明らかにすることは不可能であるのと同様に、電通事件の責任が「個人にあるのか／企業側にあるのか／過労を抑止できなかった社会にあるのか」を科学的に明らかにすることなどできない。ただ、社会学に可能なことは、「安全か危険か」「進行しているか否か」「責任の所在」を社会において決定していくのは、真実や事実や科学的真理ではなく、当該社会において意見・立場を異にする人々による複数の主観がせめぎあうことによって構成されていく、社会問題の構築過程を明らかにすることである。

　本章で、電通裁判を取り上げる理由は、次の三点である。

① 労働災害として、自殺やうつ病などの精神疾患が一般的に認定されるようになった点。
②「過労自殺」という新しい社会問題があらわれた点。
③「自殺対策」「メンタルヘルス対策」という新しい社会政策が登場した点。

これら三点は、電通裁判の判決が出るまで、いずれも社会問題および政策として構成されることはなかった。

さて、これまで、電通裁判をもとに労働問題の医療化について記述されたものとして［伊原、二〇一二］［山田、二〇〇八、二〇一一］［田中、二〇一二］などがあるが、うつ病という労働災害が登場する際に、電通裁判で提示された精神医学的知識がどのように働いたのかは、詳細に考察されていない。

本章では、労働問題の精神医療化[★1]という視角から、「うつ病」という労働災害の登場をめぐって、電通裁判で遺族側（弁護士、精神科医を含む原告チーム）および電通側（弁護士、精神科医を含む被告チーム）、裁判所によって提示された精神医学的知識が果たした役割について明らかにする。

2　自殺の責任は個人／企業のどちらにあるか

電通裁判の概略は以下である。

① 一九九一年、入社一年半後に、電通社員（一郎）が自殺した。[★2]

② 一九九三年、遺族である両親が「一郎の自殺は長時間労働という業務に起因した死亡」

であり、「電通（上司）は、一郎が長時間労働で体調を崩していることを知りながら、労働時間の軽減や体調への配慮をしなかったことが安全配慮義務違反」にあたり、電通側に責任があるとして、電通を相手取り、約一億六〇〇〇万円を求める損害賠償請求訴訟を起こした。★3

③

裁判は、地裁（一九九六年判決「約一億二六〇〇万円を電通が支払う」★4、高裁（一九九七年判決「約八九〇〇万円を電通が支払う」★5、最高裁判決（二〇〇〇年判決）★6と争われ、最終的に遺族側の主張を全面的に認めるかたちで和解となり、電通が遺族側に約一億六八〇〇万円を支

★1　医療化とは、非医療的問題が病気あるいは障害といった医療問題として定義され、社会問題に対する解決を個人の治療に求め、処理されることを意味する［Conrad & Schneider, 1992=2003］。

★2　東京地裁判決　平五（ワ）一四二〇号　平・三・二八（一九九六）『判例タイムズ』九〇六：一六三〜一七九

★3　東京地裁判決　平五（ワ）一四二〇号　平・三・二八（一九九六）『判例タイムズ』九〇六：一六三〜一七九

払うことで決着した〔高橋、二〇〇三：四六―四九〕。

ここで確認しておきたいことは、上述の本裁判における②＝遺族側の提訴内容（以下、遺族側の主張）と③＝各裁判所の判決（以下、各判決）である。

遺族側の主張②では、「一郎の自殺は長時間労働という業務に起因した死亡」であり、「電通（上司）は、一郎が長時間労働で体調を崩していることを知りながら、労働時間の軽減や体調への配慮をしなかったことが安全配慮義務違反」と訴えていることから、一郎の自殺を長時間労働による労働災害＝労働問題として位置づけているといえる。

そして、本裁判では、電通社員である一郎の自殺の責任は、個人（一郎）／企業のどちらにあるのかを巡って争われ、地裁[★7]、高裁[★8]、最高裁[★9]と、一貫して遺族側の主張②が認められた。すなわち、地裁、高裁、最高裁と、一郎の自殺は業務に起因した死亡＝労働問題として認定されたのである。

しかし、各判決③をみると、地裁、高裁、最高裁と一貫して遺族側

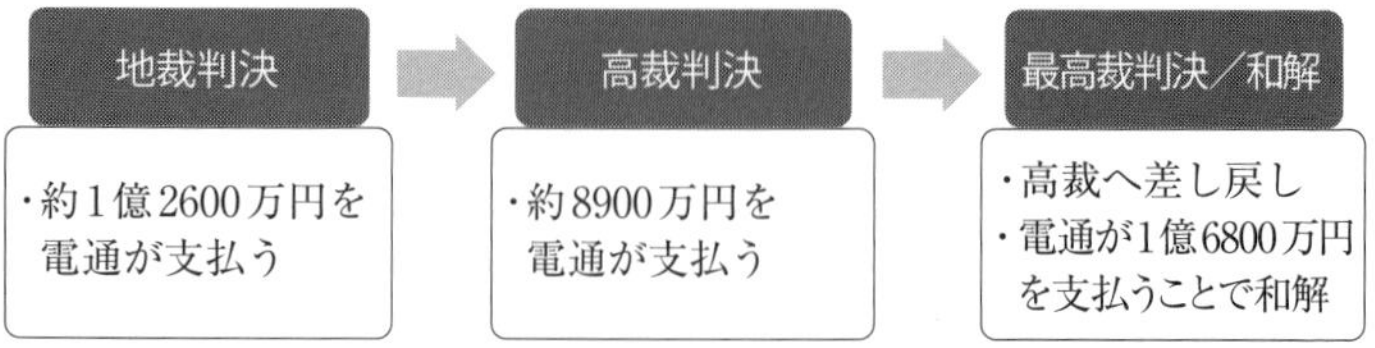

地裁判決
・約1億2600万円を電通が支払う
高裁判決
・約8900万円を電通が支払う
最高裁判決／和解
・高裁へ差し戻し
・電通が1億6800万円を支払うことで和解

図1　裁判判決・和解までの経緯

の主張②は認められながらも、電通側が遺族側に支払うべきであると提示された損害賠償金額は大きく変動（地裁では約一億二六〇〇万円、高裁では約八九〇〇万円、最高裁では高裁判決を違法解釈として差し戻しとし、最終的に電通が遺族に支払った和解金は約一億六八〇〇万円）する。

★4　東京地裁判決　平五（ワ）一四二〇号　平八・三・二八（一九九六）
『判例タイムズ』九〇六：一六三～一七九
★5　東京高裁判決　平八（ネ）一六四七号　平九・九・二六（一九九九）
『判例タイムズ』九九〇：八六～九六
★6　最高裁判決　平一〇（オ）二一七号　平一二・三・二四（二〇〇〇）
『判例タイムズ』一〇二八：八〇～九一
★7　東京地裁判決　平五（ワ）一四二〇号　平八・三・二八（一九九六）
『判例タイムズ』九〇六：一六三～一七九
★8　東京高裁判決　平八（ネ）一六四七号　平九・九・二六（一九九九）
『判例タイムズ』九九〇：八六～九六
★9　最高裁判決　平一〇（オ）二一七号　平一二・三・二四（二〇〇〇）
『判例タイムズ』一〇二八：八〇～九一

なぜ、遺族側の主張②が一貫して各判決③で認められながら、高裁判決では、電通側が遺族側に支払うべき損害賠償金額の減額がなされることになったのか。次節では、一郎の自殺原因をめぐって「電通による業務上の配慮にかかわる労働問題」が地裁で争われたのに対して、高裁での争点が「精神疾患をめぐる精神医療の問題」という新しい問題をもとに再構成されていったプロセスをみていこう。

3　遺族側のクレイムと電通側の対抗クレイム

電通裁判の高裁で、遺族側の主張②である「一郎の自殺は長時間労働という業務に起因した死亡」が、一郎の自殺原因がうつ病か否かという精神医療の問題へと争点が再構成されたことをみるために、ここでは、電通裁判における遺族側と電通側の主張および反論（クレイム／対抗クレイム）について整理する。

その際、構築主義的アプローチの視点——社会問題の原因や解決策を探求するのではなく、「ある状態を問題である」と告発・主張（クレイム）する人々と、立場が異なる人々による主張（対抗クレイム）のせめぎあいによって、社会問題が構築されていく過程を明らかにする視点・

方法［Spector and Kitsuse, 1977=1990］――を用いる。構築主義的アプローチの視点から、電通裁判におけるクレイム／対抗クレイムをみると、電通裁判における精神医学的知識が果たした役割――電通裁判以後の過労自殺やうつ病などの精神疾患が労働災害として一般的に認定される――が明らかになるからである。

電通裁判における遺族側のクレイムは、次の三点である。★10

①　一郎は電通に長時間労働を強いられた。

②　その長時間労働による過労からうつ病を発症し、うつ病の症状によって自殺した。

③　うつ病の社員に労働時間を軽減するなど適切な安全配慮を怠った電通に責任がある。

★10　遺族側のクレイム、電通側の対抗クレイムいずれも［東京地裁判決　平五（ワ）一四二二〇号　平八・三・二八（一九九六）『判例タイムズ』九〇六：一六三〜一七九］［東京高裁判決　平八（ネ）一六四七号　平九・九・二六（一九九九）『判例タイムズ』九九〇：八六〜九六］

次いで、電通裁判における電通側の対抗クレイムは、以下の四点である。

ⓐ 一郎に長時間労働の実態はない（地裁のみ＝地裁で長時間労働の実態が認められたため、以後は争われていない）。

ⓑ うつ病の原因は本人の生真面目で几帳面すぎる性格や人間関係のトラブルなど個人的なもので、自殺は個人の意思決定によるものだ。

ⓒ うつ病は過労で発症する病ではない。

ⓓ 一郎がうつ病だったか否かを会社（上司）は予見できないし対処もできないので、会社に責任はなく、体調を崩していたなら退職すればよかったし、そもそも精神科を受診・治療しなかった一郎の責任である。

すなわち、遺族側は、電通側が一郎の長時間労働の負担を軽減しなかったことを安全配慮義務違反だとクレイムを申し立てたのだが、電通側は、遺族側の主張する長時間労働の軽減という安全配慮義務についてではなく、遺族側の主張②③（一郎のうつ病罹患の原因と、それによる自殺）へ対抗クレイムを提出したのである。それにより、高裁では、遺族側の主張②③と電通側の対抗クレイムⓑⓒⓓのどちらを採用すべきかで争われていく。この両者のクレイムならびに対抗クレイムは、いずれも精神科医の証言および精神科医による医学鑑定書や意見書によって作成されたものであるため、裁判所も精神科医の証言や精神・神経医学事典などをもとに判決を下していくことになる。

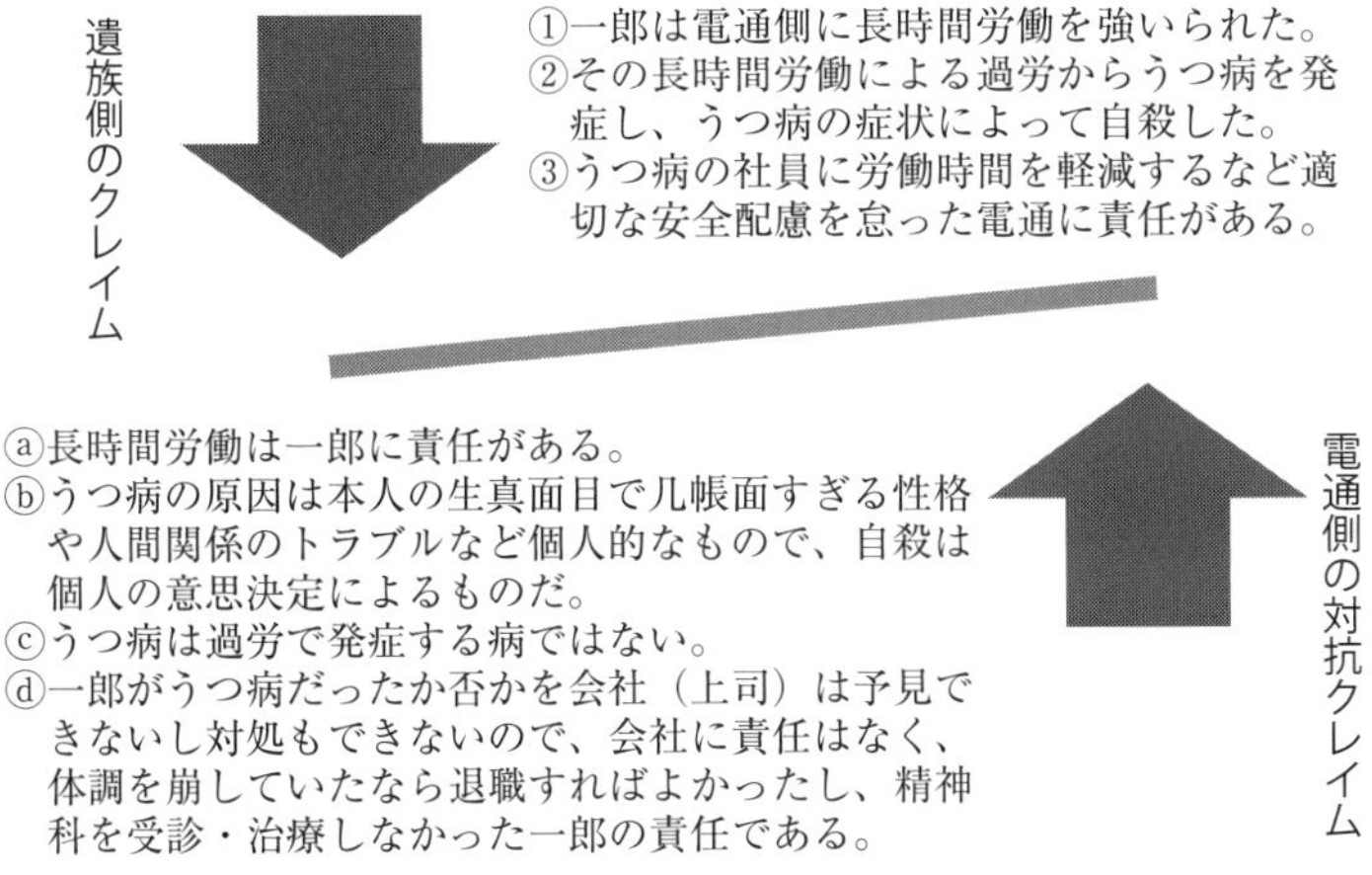
遺族側のクレイム
①一郎は電通側に長時間労働を強いられた。
②その長時間労働による過労からうつ病を発症し、うつ病の症状によって自殺した。
③うつ病の社員に労働時間を軽減するなど適切な安全配慮を怠った電通に責任がある。
ⓐ長時間労働は一郎に責任がある。

ⓑうつ病の原因は本人の生真面目で几帳面すぎる性格や人間関係のトラブルなど個人的なもので、自殺は個人の意思決定によるものだ。

ⓒうつ病は過労で発症する病ではない。

ⓓ一郎がうつ病だったか否かを会社（上司）は予見できないし対処もできないので、会社に責任はなく、体調を崩していたなら退職すればよかったし、精神科を受診・治療しなかった一郎の責任である。

電通側の対抗クレイム

図２－Ａ　高裁における遺族側のクレイムと電通側の対抗クレイム

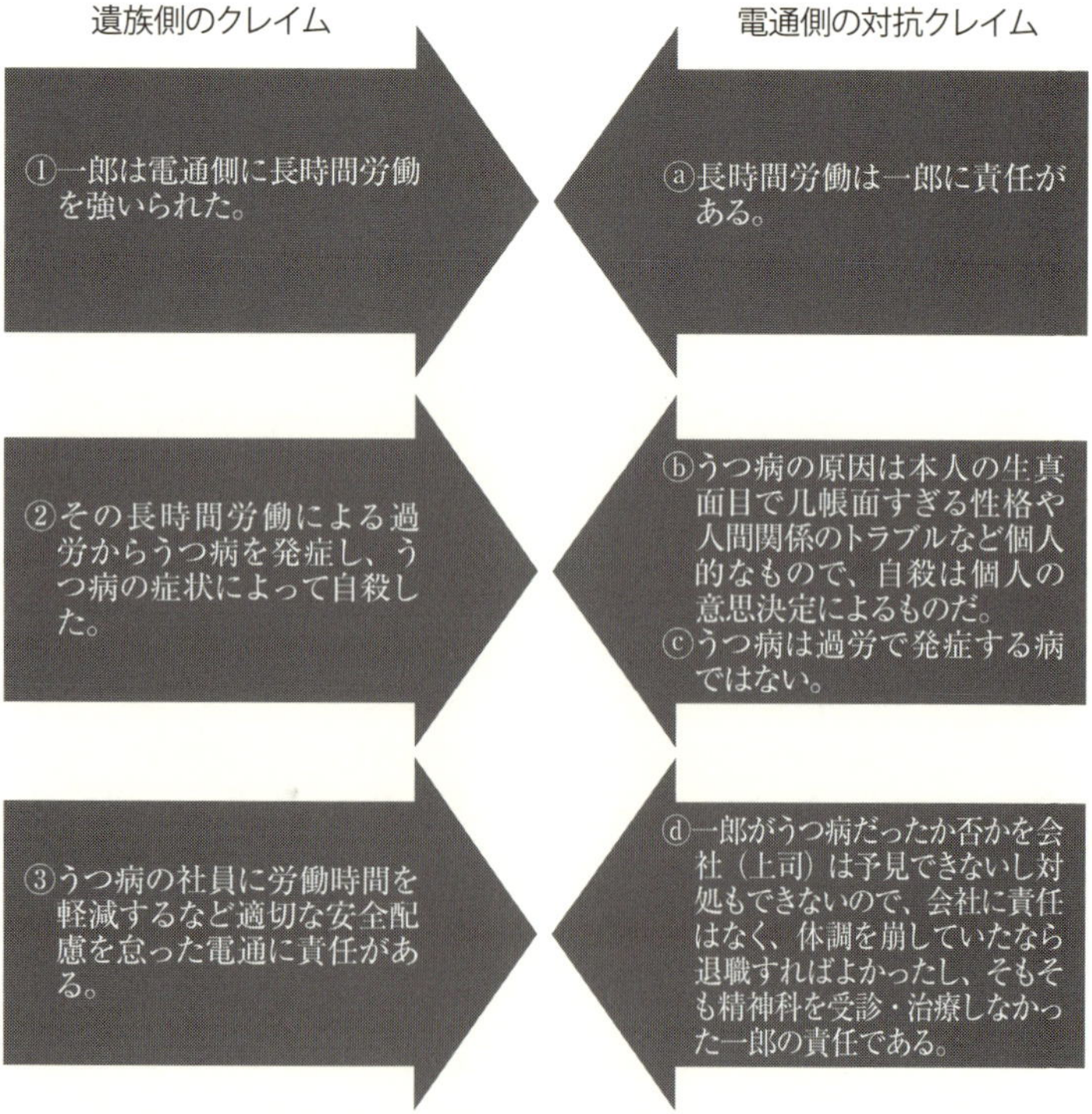
遺族側のクレイム
電通側の対抗クレイム
①一郎は電通側に長時間労働を強いられた。
ⓐ長時間労働は一郎に責任がある。
②その長時間労働による過労からうつ病を発症し、うつ病の症状によって自殺した。
ⓑうつ病の原因は本人の生真面目で几帳面すぎる性格や人間関係のトラブルなど個人的なもので、自殺は個人の意思決定によるものだ。
ⓒうつ病は過労で発症する病ではない。
③うつ病の社員に労働時間を軽減するなど適切な安全配慮を怠った電通に責任がある。
ⓓ一郎がうつ病だったか否かを会社（上司）は予見できないし対処もできないので、会社に責任はなく、体調を崩していたなら退職すればよかったし、そもそも精神科を受診・治療しなかった一郎の責任である。

図２－B

４　精神医学的知識とその判決におけるクレイム

●遺族側と電通側による精神医学的知識の応酬

電通裁判における精神科医の証言、精神科医が作成した意見書および精神医学鑑定書は、地裁：二名の精神科医（遺族側と電通側それぞれ一名）、高裁：四名の精神科医（遺族側と電通側それぞれ一名＋裁判所が指名した二名）によるものである。

高裁が二名の精神科医を指名したのは、次の理由である。「長時間労働による過労→うつ病→うつ病の症状による自殺」という原因をめぐった裁判が初めてだったことと、電通側の対抗クレイムが「長時間労働による過労でうつ病発症をするのか」、「うつ病の症状で自殺するのか、個人の意思決定で自殺するものではないのか」、「死後にうつ病に罹患していたか否か判断できるのか」、「会社（上司）は、うつ病かどうか予見できるものなのか」といった精神医学的知識を必要とする内容で、遺族側と電通側の精神科医による主張・反論内容が専門的かつ具体的にせめぎあったことから、高裁も精神医学の専門的な知識にもとづいて判断を下さなければならなかったためである［藤本、一九九六］。

とりわけ電通側の対抗クレイムで注目したいのは、「ⓑうつ病の原因は本人の生真面目で几帳面すぎる性格や人間関係のトラブルなど個人的なもので、自殺は個人の意思決定によるものだ」である。電通側が「自殺は個人の意思決定によるものだ」と対抗クレイムを提出する背景には、電通裁判以前、労働省（当時）は、労働者災害補償保険法一二条の二の二第一項で「労働者が、故意に負傷、疾病、障害若しくは死亡またはその直接の原因となつた事故を生じさせたときは、政府は、保険給付を行わない」という規定を定めていたことがある。すなわち、電通裁判以前、電通側の対抗クレイムと同様に、労働省は自殺を本人の故意による死亡であると、労災認定の対象外にしていたのである。

こうして、電通裁判の高裁では、労災認定の対象外とされてきた「自殺」責任の所在と「過労で発症したうつ病（の症状による自殺）」をめぐる争いとなったため、高裁は、遺族側と電通側の精神医学的知識にもとづいたクレイム／対抗クレイムの争点を、次のように整理して判決を下していく。

㋑ 一郎のうつ病罹患の原因
㋺ うつ病という病と自殺の関連性
㋩ 長時間労働（過労）とうつ病の関連性
㋥ うつ病を周囲の人間が判断できるか否か
㋭ 精神科を受診していないにもかかわらず、死後にうつ病に罹患していたと分かるのかまず、高裁判決で認定されたのは、一郎の生前の人間関係に、電通が主張するような人間関係のトラブル（親子の不仲、失恋）はなかったことである。すなわち、高裁が遺族側と電通側のクレイム／対抗クレイムを整理した「㋑一郎のうつ病罹患の原因」は、個人的な事情によるものではない、とされたのである。

次いで、精神医学的知識にもとづいて、「㋺うつ病という病と自殺の関連性」、「㋩長時間労働（過労）とうつ病の関連性」、「㊁うつ病を周囲の人間が判断できるか否か」、「㋭精神科を受診していないにもかかわらず、死後にうつ病に罹患していたと分かるのか」について、判断が下される。

まず、「㋭精神科を受診していないにもかかわらず、死後にうつ病に罹患していたと分かるのか」については、一郎が生前つけていた日誌、母親による一郎の状態を記述した日記、一郎の同僚ならびに上司の証言、遺族側の精神科医による証言、地裁で電通側が提出した「長時間労働からうつ病を発症する可能性がある」と記載された精神医学鑑定書を、高裁が依頼した精神科医二名が総合的に判断し、「死後でも、一郎は長時間労働でうつ病（深いうつ・ノイローゼ・自律神経失調症）を発症した可能性があると考えられる」と認定された。すなわち、ここで「精神科を受診していなくとも、生前の状態が分かれば、精神医学鑑定書などの精神医学的知識をもとに、死後であってもうつ病に罹患していたかが分かる」とされた。

次いで、「㋺うつ病という病と自殺の関連性」についてであるが、地裁は、「精神医学事典に、うつ病の症状として自殺があると記載されている」とし、うつ病によって自殺に至ることがあると明示して、高裁もこれを踏襲した。

「㋩長時間労働（過労）とうつ病の関連性」については、高裁は、遺族側の精神科医による証言「神経医学界でも肉体疲労（過労）からうつ病を発症し、その抑うつ状態から自殺すること は定説である」ことと、電通側が地裁で提出した「長時間労働によってうつ病を発症する可能性はある」と記載された精神医学鑑定書を採用し、「長時間労働によってうつ病を発症することはある」と判断した。

「㋥うつ病を周囲の人間が判断できるか否か」は、「㋩長時間労働（過労）とうつ病の関連性」で明示された内容にもとづき、「上司は一郎の常軌を逸した長時間労働によって健康状態（精神面も含めて）の悪化を知っていたものと認められるのであり、うつ病などの精神疾患に罹患し、その結果自殺することもあり得ることが予見可能だった」と認定された。

これらの判決は、いずれも遺族側の主張を認め、電通に過失があると判断されたものである。では、なぜ高裁判決で、電通側が遺族側に支払うべき損害賠償金額が、地裁の金額を下回ることになったのか。高裁判決が、地裁判決への対抗クレイムになっているからである。

●地裁判決に対する高裁判決の対抗クレイム

まず地裁では、次の判決が下された。★11

①電通では、三六協定に違反する社員の長時間労働が従前からの懸案事項であったことから、社員は残業を過少申告することが慣例となっており、真実の労働時間を申告できない。ゆえに、電通社員による長時間労働は常態化しており、電通は一郎の常軌を逸した長時間労働を認識していたと認めるのが相当である。

②電通は、残業時間に応じて、社員の健康管理法としてミニドックの受診の実施をしていたというが、過少申告の労働時間の管理法では、実質的に機能していない。また、深夜まで働いていた社員には、タクシーチケットなどを配布して健康に配慮していたというが、それでは、過剰な長時間労働によって社員の健康が侵害されないように

★11　東京地裁判決　平五（ワ）一四二〇号　平八・三・二八（一九九六）『判例タイムズ』九〇六：一六三〜一七九

配慮するという義務の履行を尽くしていたとはいえない。

③ 一郎の常軌を逸した長時間労働および健康状態の悪化〔一郎が、「自分は役に立たない」といった自信を喪失した言動や、「人間としてもう駄目かもしれない」といった自殺の予兆であるかのような言動〕を上司は知りながら、その労働時間を軽減させる具体的措置をとらなかったことに過失がある。

この地裁判決に出された、高裁判決の対抗クレイムは、次である。

ⓐ 電通が長時間労働を許容、黙認していたことは問題であるが、一郎が、労働時間を過少申告していたところに落ち度がある。

ⓑ 時間の適切な使用方法を誤り、深夜労働を続けた面もあるといえるから、一郎にもう一つ病罹患の責任があるともいえる。また、一郎が体調に異常を感じていたならば、精神科を受診すべきであった。家族も一郎の精神状態を把握管理し、うつ病や自殺予防をしたり、労働状況を改善する措置をとるべきであったにもかかわらず、それをしていない。

ⓒ また、一郎は、几帳面で真面目な性格ゆえに、仕事を遅らせて、自分の責任ではない

仕事の結果についても自分の責任ではないかと思い悩むなどの状況を作り出した可能性がある。

すなわち、高裁判決の対抗クレイムⓐと地裁判決①を照らし合わせると、地裁判決①では、「社員は残業を過少申告することが慣例」となっていたことに対して、高裁判決では、「一郎が過少申告せずに真実の労働時間を申告すればよかった」、つまり一郎にも過失があるという対抗クレイムになっているのである。

また、高裁判決の対抗クレイムⓑⓒと地裁判決②③をみてみよう。地裁判決②③では、「電通は、過剰な長時間労働によって社員の健康が侵害されないように配慮するという義務の履行を尽くしていたとはいえない」、「一郎は生前に上司に対して自殺する予兆であるかのような言動をしていた状態であったにもかかわらず、電通は労働時間を軽減させる措置をとらなかった」と、電通の過失のみを明示しているが、高裁判決の対抗クレイムⓑⓒでは、「労働時間の不適切な使用や、一郎の几帳面で真面目な性格ゆえに自分の責任ではない仕事の結果についても思い悩んだ可能性、一郎の精神科の未受診、家族によるうつ病ならびに自殺予防がなされていなかったことにも責任がある」とされた。

つまり、地裁判決では、電通の過失のみをあげられた内容であったのに対して、高裁判決で

争点	遺族側／電通側の主張	高裁判決
㋑一郎のうつ病罹患の原因	過労が原因／個人的な原因	個人的な理由ではない
㋺うつ病という病と自殺の関連性	うつ病と自殺に因果関係がある／ない	うつ病によって自殺に至ることがある
㋩長時間労働（過労）とうつ病の関連性	長時間労働があった／長時間労働は一郎の責任	長時間労働によってうつ病を発症することはある。長時間労働は一郎の時間の適切な使用方法の誤り。一郎にもうつ病罹患の責任がある
㋥うつ病を周囲の人間が判断できるか否か	電通がうつ病を予見できた／予見できない	予見可能だったから、電通側に責任がある
㋭精神科を受診していないにもかかわらず、死後にうつ病に罹患していたと分かるのか	うつ病の診断は可能／不可能	精神科を受診していなくとも、精神医学的知識をもとに、死後であってもうつ病に罹患していたと分かる

図3　高裁での争点と判決

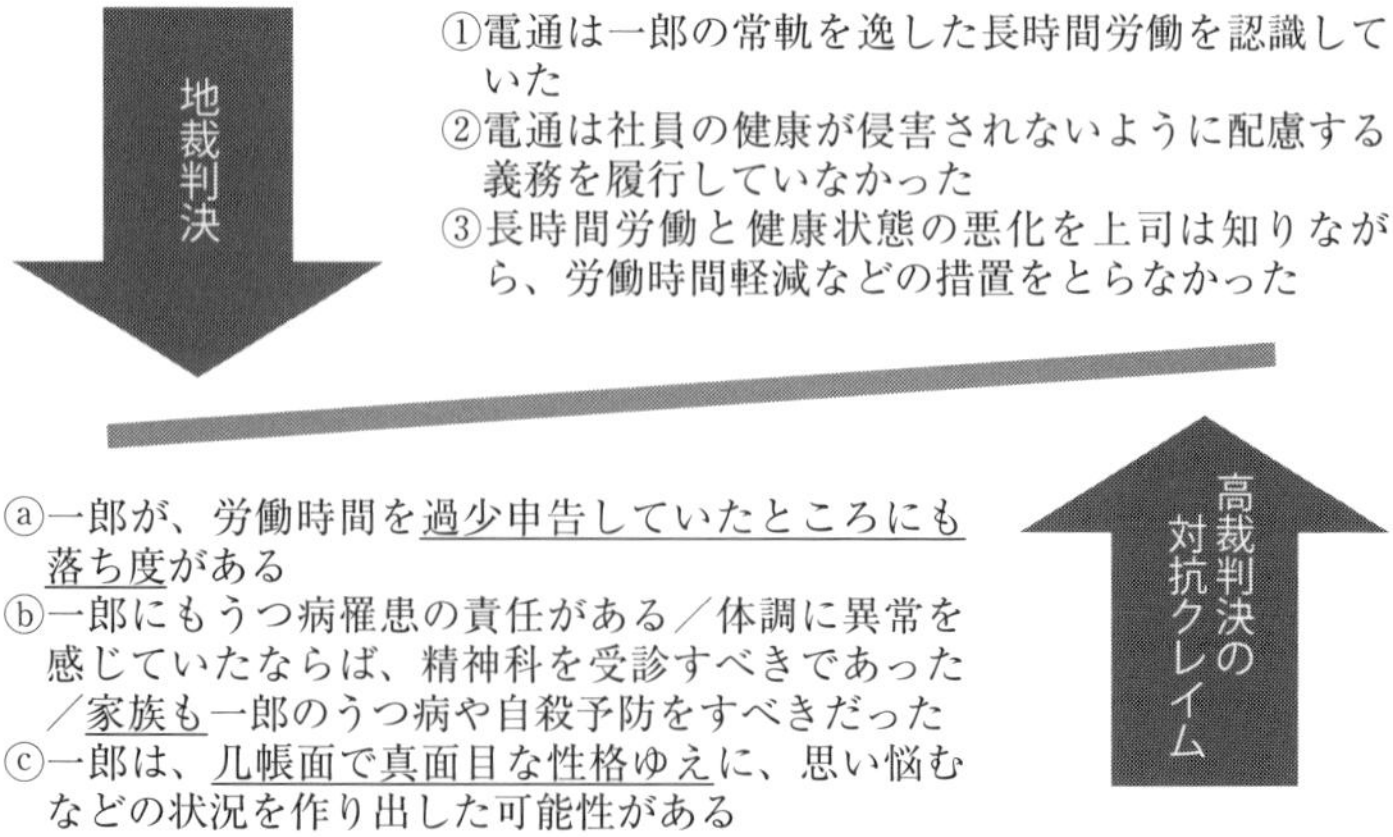
地裁判決
①電通は一郎の常軌を逸した長時間労働を認識していた
②電通は社員の健康が侵害されないように配慮する義務を履行していなかった
③長時間労働と健康状態の悪化を上司は知りながら、労働時間軽減などの措置をとらなかった
ⓐ一郎が、労働時間を過少申告していたところにも落ち度がある
ⓑ一郎にもうつ病罹患の責任がある／体調に異常を感じていたならば、精神科を受診すべきであった／家族も一郎のうつ病や自殺予防をすべきだった
ⓒ一郎は、几帳面で真面目な性格ゆえに、思い悩むなどの状況を作り出した可能性がある
高裁判決の対抗クレイム

図4　地裁判決に対する高裁判決の対抗クレイム

は、使用者である電通のみならず、労働者である一郎本人だけでなく遺族である両親にも過失——労働者とその家族による、うつ病罹患と自殺予防という健康管理の落ち度——があったと認定されたのである。

●高裁判決に対する最高裁の対抗クレイム

最高裁は、この高裁判決を違法解釈として、高裁へ差し戻す[★12]（後に和解）。ここでもまた、最高裁が高裁判決へ対抗クレイムを提出する。内容は次である。[★13]

★12　高裁へ電通側が控訴した趣旨は、地裁判決での敗訴部分を取り消すことで、遺族側の趣旨は、賠償金の増額を求めたことであった［東京高裁判決　平八（ネ）一六四七号　平九・九・二六（一九九九）『判例タイムズ』九九〇：八六～九六］。また、最高裁への上告の趣旨は、遺族側は本人と家族に過失があると三割の過失相殺がなされたことへの不服だった［川人、二〇〇六：一一一～一一五］。

★13　最高裁判決　平一〇（オ）二一七号　平一二・三・二四（二〇〇〇）『判例タイムズ』一〇二八：八〇～九一

㋑ 一郎の生真面目で几帳面な性格を知り、それを評価していた電通は、社員の性格をふまえて適切な安全配慮義務措置を行う必要があった（仕事量を減らすことができた）。

㋺ 遺族が、自立した社会人である一郎の労働状況を改善できる立場にないため、高裁の法解釈は誤りである。

すなわち、最高裁は、高裁の「一郎本人や遺族にも、うつ病ならびに自殺予防として、長時間労働を改善できた」とする判決に対して、「一郎と遺族には責任はない」と判断したのである。

また、最高裁は、本裁判を通じて初めて、

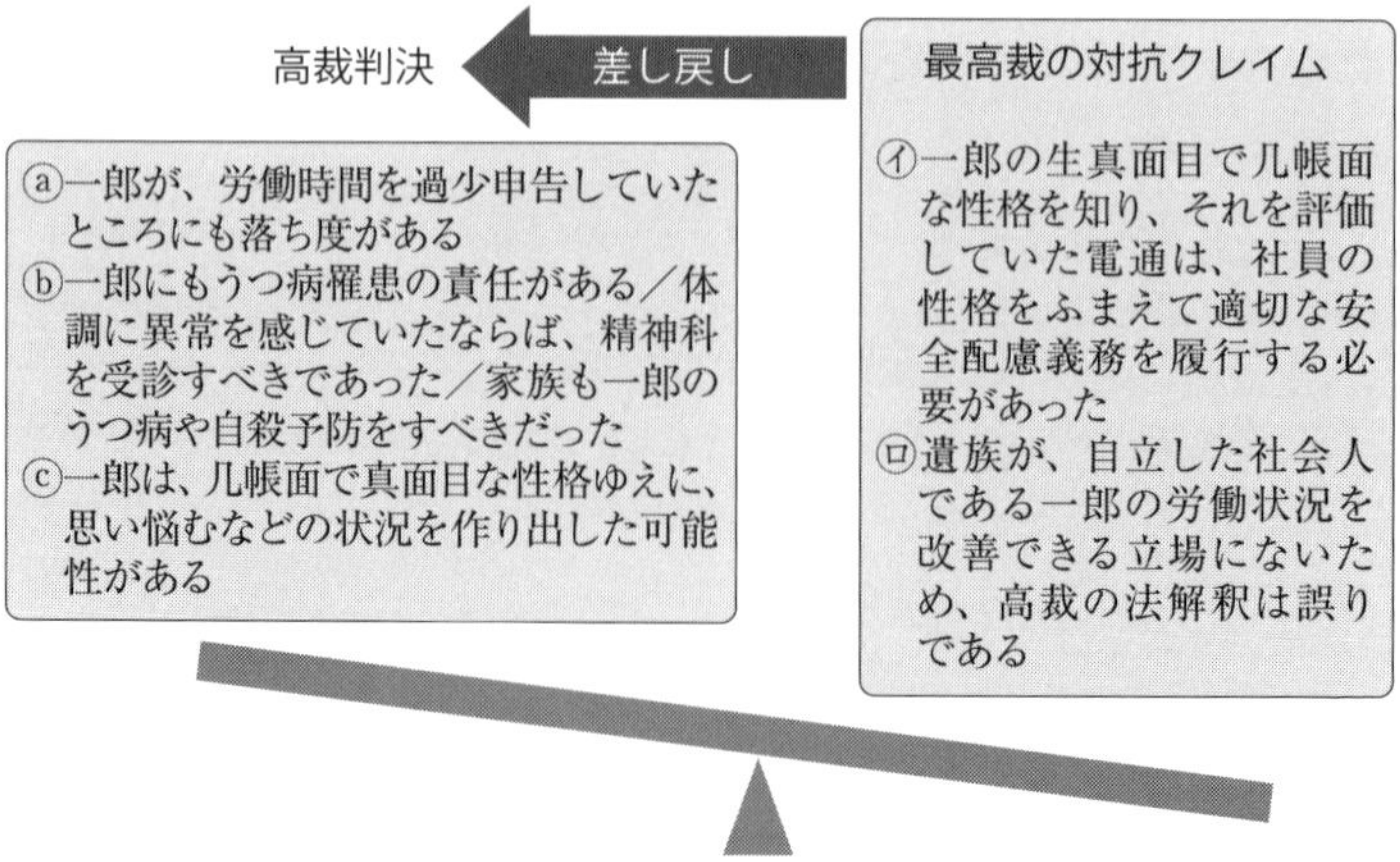

最高裁の対抗クレイム
㋑一郎の生真面目で几帳面な性格を知り、それを評価していた電通は、社員の性格をふまえて適切な安全配慮義務を履行する必要があった
㋺遺族が、自立した社会人である一郎の労働状況を改善できる立場にないため、高裁の法解釈は誤りである
差し戻し
高裁判決
ⓐ一郎が、労働時間を過少申告していたところにも落ち度がある
ⓑ一郎にもうつ病罹患の責任がある／体調に異常を感じていたならば、精神科を受診すべきであった／家族も一郎のうつ病や自殺予防をすべきだった
ⓒ一郎は、几帳面で真面目な性格ゆえに、思い悩むなどの状況を作り出した可能性がある

図5　高裁判決に対する最高裁の対抗クレイム

安全配慮義務を「使用者は、その雇用する労働者に従事させる業務を定めてこれを管理するに際し、業務の遂行に伴う疲労や心理的負荷等が過度に蓄積して労働者の心身の健康を損なうことがないよう注意する義務を負う」と明確化した。これが、現在、過労自殺やうつ病等の精神疾患を労災認定するか否か、過労自殺の損害賠償請求訴訟が起きた際に企業に問われる安全配慮義務の内容となっている。

●電通裁判で精神医学的知識が果たした役割

電通裁判の高裁および最高裁で、遺族側と電通側、さらには裁判所による専門的かつ具体的な精神医学的知識にもとづいたクレイムの応酬の結果、「長時間労働（過労）→うつ病発症→うつ病による自殺」という式は強固なものとなり、高裁判決が出た一九九七年、労働省は、「心理的負荷による精神障害等に係る業務上外の判断指針について」、「精神障害等による自殺の取り扱いについて」、「心理的負荷による精神障害等に係る業務上外の判断指針の運用に関しての留意点について」の通達を出した。★14

労働基準局が（過労）自殺や精神疾患の労災認定するか否かの判断を下しやすくするためである。上述したように、電通裁判以前、労働者災害補償保険法一二条の二の二第一項で、自殺は故意による死亡として、労災認定してこなかったが、この通達が出たことで、過労による自殺および精神疾患は、労働災害の対象となったのである〔田中、二〇一二〕。

「心理的負荷による精神障害等に係る業務上外の判断指針の運用に関しての留意点等について（労働省労働基準局補償課長 事務連絡第九号 平成一一年九月一四日）」には、「うつ病や重度ストレス反応等の精神障害では、病態として自殺念慮が出現する蓋然性が高いとされていることから、業務による心理的負荷によってこれらの精神障害が発病したと認められる者が自殺を図った場合には、精神障害によって正常の認識、行為選択能力が著しく阻害され、又は自殺を思いとどまる精神的な抑制力が著しく阻害されている状態で自殺したものと推定し、業務起因性を認めることとする」と記載されており、労働省の通達には電通裁判の高裁判決で下された以下の三点が反映されている。

㋭ 精神科を受診していなくとも、生前の状態が分かれば、精神医学鑑定書などの精神医学的知識をもとに、死後であってもうつ病に罹患していたかが分かる。

㋺ うつ病という病と自殺の関連性は、「精神医学事典に、うつ病の症状として自殺があると記載されている」ため、「うつ病によって自殺に至ることは明らか」である。

㋩ 長時間労働（過労）とうつ病の関連性については、遺族側の精神科医による証言「神経医学界でも肉体疲労〔過労〕からうつ病を発症し、その抑うつ状態から自殺するこ

★14　電通裁判以前、労働省は「所定外労働削減要項」にもとづいて、各事業所が安易な労働時間の管理を見直すことを要請していたのだが、電通事件の地裁判決を受け、労働省は労働者の過度の蓄積疲労につながるような長時間労働をなくし、過重な長時間労働による過労死を防止する必要性があると判断した（参議院労働委員会　一九九六年四月一一日　松原亘子発言）。そのため、電通裁判の地裁判決が出た翌月の一九九六年四月八日、労働省は「平成八年三月二九《ママ》日、東京地裁において、広告会社に勤務する労働者について、サービス残業による過重な長時間労働がもとで自殺に至ったものとして、会社に損害賠償を認める判決が出され」と電通裁判判決を明記した「所定外労働の削減及び適正な労働時間管理の徹底について」の通達を都道府県労働基準局に出すとともに、日経連に対しても過労死の大きな要因となるサービス残業などの長時間労働の禁止を要請した［藤本、一九九六］。

とは定説である」ことと、電通側が地裁で提出した精神医学鑑定書に記載されていた「長時間労働によってうつ病を発症する可能性はある」ことを採用し、「長時間労働によってうつ病を発症する可能性はある」。

こうして、業務（長時間労働）に起因したうつ病罹患ならびに自殺が労働災害として認定されるには、電通裁判で精神医学的知識にもとづいて構成された「長時間労働（過労）→うつ病発症→うつ病の症状による自殺」のなかの「うつ病・心理的負荷（ストレス）」を立証する必要性がうまれたのである。これが立証できれば、「長時間労働などによる過労→うつ病発症→うつ病による自殺→労働災害（過労自殺）」として認定されることになる。

電通裁判における「うつ病という精神疾患」をめぐる争いのなかで、精神医学的知識にもとづいて、専門的かつ具体的にうつ病とはどのような病であるのかが明示されたことで、「過労→うつ病発症→うつ病による自殺」という式がより強固なものとして構成され、結果、労働問題は精神医療問題へと拡大し、電通裁判をきっかけとして、労働災害としてのうつ病・過労自殺という社会問題カテゴリーが登場することになったのである。

●労働災害としてのうつ病――過労自殺から自殺対策へ

電通裁判の影響は、労働災害としてのうつ病・過労自殺という社会問題カテゴリーの登場のみにとどまらない。「自殺対策」、「メンタルヘルス対策」という社会政策にも反映される。

日本では、一九九八年以降、自殺者が三万人を超え、自殺者数の高止まりが社会問題となった。電通裁判の最高裁判決が出た二〇〇〇年に、厚生省は、「健康日本21（二一世紀における国民健康づくり運動）」を始動し、「休養・こころの健康づくり」の項で、うつ病の早期発見・早期治療を自殺全般への対策として採用した。ここで、電通裁判の判決で明示された「長時間労働（過労）→うつ病発症→うつ病による自殺」という式が、「社会的要因（長時間労働など）→うつ病発症→自殺」という式に再構成される。

「休養・こころの健康づくり」には、以下の五点が記載されている〔厚生労働省、二〇〇一、二〇〇三、二〇〇四〕。

①　自殺の原因はうつ病であるため、うつ病を早期発見し、適切な治療を受ければ大部分が改善するにもかかわらず、患者の多くは自分がうつ病であることを認識していない。

②　一般の人々や医療関係者がうつ病の症状や治療についての正しい知識を持つことが

必要である。

③　自殺はひとつの要因でなく、多くの要因が絡み合って起こるが、特にうつ病は最も重要な要因であるといわれているため、うつ病を早期発見し、適切に治療することが自殺予防のひとつの大きな鍵になる。

④　国民の約一五人に一人がこれまでにうつ病にかかった経験があるにもかかわらず、その四分の三は医療を受けていないとされる。

⑤　国民のうつ病に対する理解や関心の啓発が必要であり、心の不調が起きた場合には、精神科を受診することが求められる。

これら五点は、電通裁判の高裁判決（電通が一郎のうつ病罹患とそれによる自殺を予見できたことの過失、最高裁判決で一蹴された一郎本人と遺族である両親にも過失がある旨すべて）をそのまま当てはめたような内容である。

すなわち、一郎が生前、体調不良でありながら、精神科を受診しておらず、一郎の上司および遺族である両親は、一郎の自殺の予兆かのような言動を知りながら何らの対処もとらなかったという解釈が採用されているのである。また、電通裁判のなかで、一郎のうつ病発症の原因は、「長時間労働による過労である」と認定されるが、ここでは、「自殺は多くの要因が絡み合って起こるが、特にうつ病は最も重要な要因である」と指摘され、自殺原因の主たる要因として位置づけられる。電通裁判で明示された「長時間労働による過労」という一郎が過労自殺に至る根本的事由が、うつ病の原因を過労と明示することなしに、高裁判決で明示されたように「うつ病で自殺に至る」とされて、問題の焦点が——過労自殺という労働問題から自殺全般に関する精神医療問題へと——拡大するのである。

そして、うつ病は様々な要因によって発症する病ゆえに、それら社会的要因を解決するというよりも、うつ病を発症させる社会的要因と自殺の間にある「うつ病」という心の病の早期発見・早期治療を行うこととなり、これが、後の自殺対策基本法ならびに自殺総合対策大綱へと繋がっていく。

５　「メンタルヘルス対策」の起点としての電通裁判

電通裁判以前、電通が裁判で主張したように「自殺は故意による死亡」として労災認定されてこなかったが、精神医学的知識をもとに展開された電通裁判によって、「長時間労働による過労↓うつ病発症↓うつ病による自殺↓労働災害」と認定されることになった（自殺の労災認定基準の変更）。それゆえに、過労自殺において重要視されるのは、「過労とうつ病発症の関連性」と安全配慮義務に明示されている「心理的負荷（ストレス）」を立証する精神医学的知識である。これらが立証できれば、過労自殺ならびに精神疾患は労災認定されやすくなっているのが現状である。

そして、この一連の電通裁判で、労働災害をめぐるうつ病という病が判決として具体的に明示されたことにより、過労自殺という社会問題カテゴリーが構成され、二〇一七年度には、精神疾患ならびに自殺の労災申請・認定数が過去最多となった（労働災害としてのうつ病・過労自殺の認定）。

電通裁判のなかで明確化された「うつ病は死に至る病」という認識は、過労自殺のみならず自殺全般の主な原因として一般化し、「うつ病は自殺の主要原因のひとつ」と構成されたことで、電通裁判以降、現在に至るまで、政府は、自殺対策として「うつ病の早期発見・早期治療」「メンタルヘルス対策」を推進していくことになる。

すなわち、現代日本社会における過労による自殺・精神疾患の問題、自殺およびメンタルヘルス対策の実施は、電通裁判で登場した精神医学的知識にもとづいて構成されているのである。

文献

Conrad. P and J W. Schneider, 1992, *Deviance & Medicalization: From Badness to sickness, Expanded edition*, Temple University Press.（進藤雄三監訳／杉田聡・近藤正英訳、二〇〇三、『逸脱と医療化――悪から病いへ』ミネルヴァ書房）

藤本正、一九九六、『ドキュメント「自殺過労死」裁判――二四歳アドマンの訣別』ダイヤモンド社

伊原亮司、二〇一一、「職場を取り巻く環境の変化と「うつ病」の広まり」『現代思想』三九―二

川人博、二〇〇〇、「大手広告代理店青年社員の自殺――電通・大嶋うつ病自殺事件」ストレス疾患労災研究会・過労死弁護団全国会議（編）『激増する過労自殺――彼らはなぜ死んだか』皓星社

川人博、二〇〇六、『過労自殺と企業の責任』旬報社

今野晴貴、二〇一二、『ブラック企業――日本を食いつぶす妖怪』文藝春秋

厚生労働省監修、二〇〇一―二〇一〇、『厚生労働白書』ぎょうせい

大阪過労死問題連絡会編、二〇〇三、『Q&A　過労死・過労自殺一一〇番』民事法研究会

Spector. Malcom and Kitsuse. John I,1977, *Constructing Social Problems*, Cummings Publishing Company.（＝一九九〇、鮎川潤・森俊太・村上直之・中河伸俊訳『社会問題の構築――ラベリング理論をこえて』マルジュ社）

高橋祥友、二〇〇三、『中高年自殺――その実態と予防のために』筑摩書房
高橋祥友、二〇〇六、『自殺予防』岩波書店
田中慶子、二〇一二、「社会問題の医療化――過労自殺に対する行政施策を事例として」『Core Ethics』八
山田陽子、二〇〇八、「「心の健康」の社会学序説――労働問題の医療化」『現代社会学』九
山田陽子、二〇一一、「「感情資本主義」社会の分析に向けて――メンタル不全＝リスク＝コスト」『現代思想』三九―二

（電通過労自殺裁判判決）
東京地裁判決　平五（ワ）一四二〇号　平八・三・二八（一九九六）『判例タイムズ』九〇六：一六三〜一七九
東京高裁判決　平八（ネ）一六四七号　平九・九・二六（一九九九）『判例タイムズ』九九〇：八六〜九六
最高裁判決　平一〇（オ）二一七号　平一二・三・二四（二〇〇〇）『判例タイムズ』一〇二八：八〇〜九一

第5章　消費される労働

中根光敏

1　「働く」という経験

これまで、様々なアルバイトを経験してきた。大学教員の中では、常勤職に就くのが早いほうだったけれども、学部卒業後に大学院五年と研究員一年を経ているので、おそらく一般的にはかなり長い学生生活を送ったと言えるだろう。ここでは、まず、私自身が体験してきた仕事について、記憶に残っていることを記述してみたい。

私自身が「働く」ということを意識した最初は、小学校低学年の頃、おふくろが自宅で引き受けていた内職を小遣い欲しさに手伝ったことだ。一九七〇年代中頃までは、近所で内職を引き受けている家は少なくなかった、と記憶している。当時、私の家で引き受けていたのは、掃除機の部品を組み立てる一工程で、プラスチック製部品にゴム製パッキンを取り付ける作業だった。夏でも電気炬燵《こたつ》を部屋に置き、取り付け作業を円滑にするために、ゴム製パッキンを炬燵に入れて熱で柔らかくしていた。この内職を自らが働いた最初の経験として鮮明に覚えているのは、自分が取り付けた部品の数に応じて、小遣い（お金）を手に入れていたからだ。つまり、何らかの作業をして金を稼ぐことを「働く」と意味づける私自身の主観・意識は、現在まで自分の中に引き継がれている。おふくろが、近所の碍子《がいし》工場でパート労働へ行くことになって、家で内職をすることはなくなった。

次に働いた経験として記憶しているのは、中学校二年の時に、露天商の手伝いをしたことだ。私が生まれた愛知県安城市では、毎年夏に「安城七夕まつり」★1が開催されていて、同級生の友人から「手伝ってくれ」と頼まれた。当時、悪名高い「管理教育」体制にあった愛知県下の中学校では、もちろんアルバイトは禁止であったけれども、バイトではなくあくまでも「手伝い」ということで働いた。露天の店を設置し、ヤドカリとヒヨコを売る二店舗の店番が我々同級生数人に任されたが、片付けの作業は深夜となるので、中学生は二二時頃に帰らされた。報酬としてお金を貰ったわけではなく、鰻重など当時としては贅沢な食事に与《あずか》った。

この露天を手伝った経験が、金を稼いだわけではないのに働いた経験として記憶されているのは、この時の経験が今思い返しても印象に残る出来事だったからだろう。

まず、友人から露店の手伝いを頼まれたとき、どうしてもやってみたいと思った。なぜなら、映画『男はつらいよ』★2で渥美清が扮した主人公「車寅次郎＝フーテンの寅」の職業が露店商だったからである。一つの場所に定住せず、転々と全国を流れて渡り歩くフーテン★3は、日本の高度経済成長を象徴する会社人間＝サラリーマンの対極に位置付くイメージで、「自由」と「気楽さ」が表象された「憧れ」の存在だった。

次に、露天の仕事自体が、何とも新鮮で面白い経験だった。ヤドカリ売りやヒヨコ売りだけでなく、様々な露店を店開きするまでの準備プロセスは、当時の自分の想像を超えたもので、とりわけても大きなビニール袋一杯に詰まった金魚を水槽へ放流する「金魚掬《すく》い」の準備光景

★１　安城七夕まつりは、一九五四（昭和二九）年にはじまり、二〇一八年八月までに六五回行われている。

★２　『男はつらいよ』は、一九六九〜一九九五年にかけて渥美清（一九二八〜一九九六年）主演で全四八作が公開された。

は驚愕だった。おそらく実際に働いてみなければ知ることはなかっただろう舞台裏を垣間見られたことが、働いた経験として印象に残っている一つの要因である。けれども、それまで七夕祭りの単なる見物人（客）だった自分が、露店の売り手になることで、何か特別な存在になったような気分になったのが一番大きな要因かもしれない。

それに加えて、中学生だけで担当した露店では、ヤドカリやヒヨコが面白いように売れた。おとなたちから「たくさん売れ」「一生懸命にやれ」とか言われたわけでもないのに、飛ぶように売れたという結果が、誰かの役に立ったというよりも誇らしかった。今から思えば、おそらく、坊主頭の子ども（中学生）だけで店番をしていたから、もの珍しさで客目を引き、同情も手伝って、多くの人が買ってくれたのだろう。ただ、この時の経験から、「やる気」とか「努力」ではなく、結果さえ良ければ、不思議と仕事は楽しいと感じられるものだと気づいた。

また、この時、手伝いに誘われた友人たちの中には、親から「ダメ」と言われて来なかった者がいた。露店商は、的屋《テキヤ》とか香具師《ヤシ》とも呼ばれ、いかがわしい仕事とされていたからだ。つまり、学校で教えられた「職業に貴賤なし」というのがあくまでも建前にすぎず、露店商という職業は一般的に差別されていることを知ったのだ。各人の向き不向きや好き嫌いでなく、また多くの金を稼げるか否かでもなく、社会には仕事に序列があるのだという現実をはっきり知った。フーテンの寅さんを多くの人たちが愛着を抱いて受け入れたのは、寅さんの自由気儘《きまま》な生き様に憧れただけでなく、不安定でいかがわしい仕事をしている寅さんをどこかで見下すような高みにいる自己に安心できたからだ。

高校二年生の時、ステレオのチューナーを買いたいという明確な動機から、青果市場で働いた。早朝五時くらいから、真冬に零下三〇度の冷凍庫や倉庫に入って、冷凍食品や乾物など商品を搬出し、店舗に並べたり仕舞ったりする作業だった。ここでも、食品が一般の店舗に並ぶまでの舞台裏を見られた。今でも、食品の加工日や賞味・消費期限の印を素直に信じられないのは、その時の経験からきている。そこで「大学を卒業してから敢《あ》えて定職に就かず、全国を転々としている」という男性が一緒にアルバイトとして働いていた。休み時間に、その男性か

★3　フーテンとは、住居や仕事が定まっていない人を意味する。語源としては、精神状態が正常でないことを意味する瘋癲《ふうてん》、浮浪人を意味する風来坊《ふうらいぼう》、定職に就いていない人を意味する風太郎《ぷうたろう》などから発生したと推測されている。ちなみに、新聞記事の見出しとしてフーテン族が登場したのは、一九六七年七月二〇日付け『朝日新聞』朝刊「〝さばかれた〟フーテン族〝波〟」、同年九月二〇付け『毎日新聞』朝刊「〝フーテン族にも秋風——新宿駅前から追い立て〟」だった。

ら「君はベトナム戦争についてどう考えているのか？」と突然訊かれ、まともな応えができなかった。市場で働いていた他の人たちからは、「優しくていい人なのに」「せっかくいい学校出てもああなっちゃね」「あんたもあんな風になっちゃ親が悲しむよ」と言われ、これまたどう応えていいか分からなかった。

大学受験を終えた後、家が工務店をやっている同級生からアルバイトを頼まれ、立体交差の建築現場で素人鉄筋工として二週間働いた。ハッカーという道具を使って、結束線と呼ばれる針金で鉄筋を止める作業である。基本的には、当時、「どかちん」などと呼ばれていた典型的な肉体労働だったが、ここでも土木建設工事の舞台裏を垣間見ることができて、後の研究に役立った。公共事業の下請け工事現場で、一週間かけてその会社が引き受けていた仕事全体の一〇分の一くらいを二十数名の労働者で作った。翌週初め、行政の査察だと思われる数名の男たちが現場にやってきて、組み上がった鉄筋の部分に白いペンキを塗って、写真撮影をして帰って行った。その後、残りの一〇分の九を一週間で仕上げたのだが、労働者の数を増やしたわけではなかった。鉄筋にハッカーで巻き付ける結束線が前週まで二重巻だったのを一重巻に変更し、結束線で止める作業箇所を大幅に減らしたのである。阪神淡路大震災の際、想定されていた強度からすれば「倒壊するはずがない」とされていた高速道路の高架橋が折れているのをニュースで見て、「想定」とはあくまでも安全基準に沿った作業がなされていると見込まれた数値だから、「想定通りにいくとは限らないのに……」と複雑な気分になった。

大学に入ってからは、実に色々なバイトを経験した。思いつくまま上げてみると、「工場の工員」「家庭教師」「警備員」「引越屋」「家具配送」「運転手」「店舗の棚卸し」「コピー店の店番」「塾講師」「看護学校講師」「イベント会場のＰＡ（音響）屋」「日雇労働者」「子ども会の指導員」「識字学級講師」「イベントのアルバイト集め」等々……。

大学（院を含めた）時代のアルバイトで最も印象に残っているのは、大学一年生の夏休み、実家に戻って働いた日本電装株式会社（以下、電装）安城製作所工場の工員だ。

なかなかバイトが見つからないのを心配した親が、新聞の折り込み広告のアルバイト募集へ勝手に申し込んでいて、「仕事見つけといたから夏休みに入ったらすぐに帰ってこい」ということで、約二カ月間働いた。

日本電装株式会社は、一九四九年にトヨタ自動車電装部が分離独立して創業した会社で、一九九六年には「株式会社デンソー」と社名変更している。一九八〇年当時、トヨタ自動車の第一次下請けというよりも、電装は、トヨタ自動車の一部と考えられていたし、工員の仕事に関しては、労働や待遇に大きな違いがなかった。私の実家がある愛知県岡崎市では、当時、大学生が「満期まで勤め上げれば根性がある」と言われていた三つの工場バイトがあり、それらは「トヨタ」「ソニー」「電装」だった。

実際、電装での仕事は、確かにきつかった。月曜日から金曜日まで、定時の勤務時間は九時～一七時（実働八時間）となっていたが、早出七時作業開始から残業一九時までということになっていた（土曜日が休みだったか半日出勤だったのかをなぜか覚えていない）。アルバイト代は時給換算で、出勤時間はタイムカードで管理されていた。作業は、チャーリー・チャップリン映画の名作『モダンタイムズ』（一九三六年公開のアメリカ映画）に登場するようなベルトコンベアの流れ作業で部品を取り付けるものと、機械に磁石部品を仕掛けてコイルを巻いてモーター部品を製作することだった。

電装では、後に大学で学ぶことになる近代的労務管理法「テイラー・システム」と、「トヨティズム」を象徴する「ＱＣサークル」を体験できた。

テイラー・システムとは、アメリカの技術者・経営学者フレデリック・テイラー（一八五六～一九一五年）が二〇世紀初頭に提唱した労働者管理の方法論で、科学的管理法とも呼ばれる。電装で行われていたのは、一時間毎に各労働者に現場のボードに張られた模造紙に生産部品数とミスした部品数を書き込ませるもので、それによって、労働者は時間の経過とともに自ずと生産効率を上げ、ミスを減らすように務めるようになる。

一方、ＱＣサークルとは、同一の職場内の小グループで自発的に作業の改善点などを提案し合って相互啓発を行う、生産部品の品質向上管理活動で、日本特有のものとされている。電装で行われていたのは、毎週一回一〇分程度、十数人で構成される班ごとに、正規労働者の一人による提案を聴くことだった。毎月一回、班長が集まる会議体で報告され、良い提案だと判断されれば、提案した労働者が表彰される、とのことだった。また、各班から選抜された代表たちが、機械を効率的に早く操作してより多くの部品をミスなく生産する、という競技も行われていた。代表となった労働者たちは、驚くほど機械と一体化した素早い動きで、私のようなアルバイトだけでなく見学していた労働者たちは皆驚いていた。

電装での経験は、後に私が大学院で労働問題を研究する際に、良い経験となった。最も役に立ったのは、雇用形態別の工場労働者の構成を知ることができたことだ。バイトをしていた一九八〇年当時の電装では、正社員の工場労働者に加えて、地方から（主として農閑期）の出稼ぎ労働者★4（正社員に比較してやや高齢）、臨時の工場労働者（ほとんど男性）、大学生のアルバイトで構

★4　当時、電装の工場では、八月のお盆時期に一週間完全に操業停止した夏休みがあったけれども、出稼ぎの工員たちは、工場全体が夏休みに入る一週間前から夏休みとなって、一斉に工場からいなくなった。

成されていて、労働者全体では、男性九割／女性一割くらいの比率だった（出稼ぎ労働者の女性比率は二割くらいだった）。

約二〇年後の二〇〇〇年代初頭に、ある研究会でトヨタ自動車系列の工場労働者に関する研究発表を聴いた際、臨時工と大学生アルバイトと農閑期の出稼ぎ労働者は工場から消え、替わりに、主として半年単位で雇用契約をする期間工と、派遣会社からの派遣労働者、工場の一角を業務委託している別会社の請負労働者が主流となっていて、女性比率が三割～四割くらいになっており、請負労働者の相当数が外国人労働者である、ということだった。

この場合、工場が直接雇用しているのは正規の工員と期間工で、派遣労働者は派遣先の工場から作業指示を受けるが間接雇用となる。ただ、法的には、請負労働者は、工場（会社）から業務委託された請負会社の作業責任者から作業指示を受けることになっており、工場から直接に作業指示や技術指導を受けることを禁じられている。

「法的には」と言うのは、実際、二〇〇六年にはトヨタ自動車系列の部品メーカー「トヨタ車体精工」でも、請負会社「大起」に所属していた請負労働者が工場内で怪我をしたにもかかわらず、労働衛生法で義務づけられている労働災害報告を怠り（労災隠しをして）、マスメディアで「偽装請負事件」として報道される事件があったからである。

さて、電装でアルバイト工員として行った仕事自体に関しては、次節でふれることになる「労働観」という概念が自分の中ではっきりと形成された「働く」経験だった。朝五時に起きて七時から一九時まで工場で作業して、二一時に風呂に入って二二時に泥のように眠る、という日々（月曜日〜金曜日）の繰り返しは、ほとんど工場で生活しているような感覚を覚え、労働とは「自分の時間（自由）を売ること」、大袈裟に言えば「自分自身を賃金と引き換えに他人に売り渡すこと」だと強く意識するようになった。また、人並み外れて手先が不器用な自分にとって、作業中に別のことを考えて時間を早く経過させるコツさえつかめば、意外にも身体を使った単調な単純作業は一旦覚えてしまうと苦にならず――拘束されているのは身体だけで、頭の中で考えることは自由なので――、自分に向いているのかもしれないと考えるようになった。★5

★5　他方で、最後まで馴染めなかったのは、機械のオイルから発生する臭いで、風呂に入っても、髪の毛から全身までオイル臭が染み込んで消えないような感覚だった。

2 近代的労働観とその特殊性

一九八〇年代、私の場合、アルバイトが中々見つからなかったのは、大学一年生の夏までで、その後は、特に探したわけではなく、友人・知人から依頼される形で、大抵、複数のバイトを掛け持ちするという生活だった。アルバイトをするのは、ほとんどは生活費を稼ぐためで、今から思うと、当時の学生としては、金銭的には随分豊かな学生生活だった。大学院時代には、雑誌原稿や講演の依頼もあったけれども、ごく稀な機会で仕事という感じではなかった。

研究との関連では、一年間、研究するだけで十数万円の月給と一〇〇万円余り研究費を頂戴できる研究員に就いたが、これほどおいしい仕事にありついたことはそれ以来皆無である。ただ、当時だけでなく今現在でも、その時就いた研究員を「働いた」と思っておらず（応募書類作成には相当な時間と労力を必要としたけれども）、むしろちょっとした宝くじに当たったか、あるいは返還義務のない奨学金をもらっていたかのように考えている。もっとも、履歴書の職歴欄には、「〇〇研究員」と堂々と記載できるし、実際にそうしているのだが……。

一年間の研究員を経て就いたのが大学教員で、常勤職だから定職ということになる。ところで、大学教員という仕事が労働であるか否か——つまり、大学教員は労働者か否か——については、様々な意見があるだろう。

私の場合、研究したいから就いた職ではあるけれども、研究自体は大学院時代から無給で（というより学費を支払って）やってきたことだから、研究している時は「自分の自由時間を売る」労働だと感じない。ただ、研究以外の仕事（講義、会議、入試関連等々の雑用）が増えると、研究時間が奪われると強く感じるので、やはり研究以外の仕事を労働と考えているのだろう。

このように歯切れの悪い言い方になってしまうのは、賃金の増減が研究成果に関係なく、極端な言い方をすれば、全く研究活動しなくても、身骨を砕いて研究しても、研究成果によって変化しない給与体系だからである。だから、定職に就いた後も、「生活のために研究以外の仕事を済ませて」「自分の研究をしよう」という日々が続いていて、バイト学生時代の感覚とあまり変わらない。

ただ、研究の方は、月給制のサラリーマンなのに、個人自営業者のような仕事内容が多いような気がする。出張時の交通チケットやホテルの手配、業者への物品・書籍などの見積依頼や支払い、出版社との契約書作成、印刷会社との校正作業、博士論文の審査や学会論文の査読、非常勤講師の手配などなど……、これらの仕事は、やるかやらないか（引き受けるか否か）を含めて、自身の裁量に委ねられている。だから、「賃金と引き換えに自分の時間（自由）を売ること」が労働というイメージだとすると、私が就いている職業は、「研究以外の仕事＝労働」と「研究＝労働でない仕事」から成り立っている。

さて、「労働観」というのは、労働をしている当事者たちが自身の労働をどのように感じつつ生きているのか、あるいは、自分の労働を、そして労働の対象（相手）である自然や他者を、どのように意味づけ（解釈し）つつ生きているのか、という問いである。

現代社会においては、子どもや老人を除いて、ほとんどの人々は、なにがしかの職業に就いて働くことを当たり前と考え、実際、労働することに多くの時間を費やしている。「過労」や「長時間労働」が社会問題となり、それらの抑制や解消が政治的スローガンとして掲げられているけれども、労働自体に否定的な価値付けをする人たちは少数派である。しかし、こうした労働観は近代的労働観と呼ばれる観念で、人類史において普遍的に存在していたわけではない――むしろ、特殊近代的な観念である。

今村仁司は、古代ギリシャの労働観と南太平洋メラネシアにあるニューブリテン島のマエンゲ族の「労働生活〔焼畑農業〕」をアルカイックな労働経験として描き出すことで、近代的労働観の特異性を浮き彫りにしている〔今村、一九九八〕。

古代ギリシャでは、手仕事のような職人労働が奴隷的（隷属的）とみなされ、国家のメンバー（自由人）が手仕事に携わることを厳しく禁じていて、欲望を際限なく増殖させる貨幣を扱う商業は職人労働より劣等で汚くて恥ずかしいと考えられていた。農業は戦士と並ぶ重要な仕事と位置づけられていたけれども、その作業プロセスには伝統的に定められた儀礼的手続きがあり、厳格な宗教的規則に拘束された行為＝「神々との接触〔祈り〕」だった。

こうした祈りに包まれ、呪術と合体した労働は、近代以前のどの地域にもどの時代にも普遍的に見られることである。〔今村、一九九八：一二〕

マエンゲ社会では、焼畑農業の耕作仕事が「審美的基準」と「慎重な態度」で解釈される。

作物を植えつける空間が見事に秩序づけられていること、土地が清潔に維持され「良い匂い」がすること、タロイモや野菜の葉がもっている多種多様な色彩の調和があることが、「美しい」ことの内容である。〔中略〕要するに、目を楽しませ、嗅覚を心地好く刺激することが肝心なのである。

村人たちは、隣人の畑の作り方を見て、互いに評価しあう。耕作物の空間配置が見事にできている〔中略〕とか、種々の違った芳香のコンビネーションが上手に仕立てられているとかを、互いに討論し、仕事の質の優劣を決めていくのである。〔今村、一九九八：二〇〕

マエンゲでは、こうした審美的基準で高く評価された者は、「良い人」として倫理的にもその人格が高く評価される。そして、審美的基準を達成するためには、「有用な耕作技法を駆使」するだけでなく、「日々の生活の中で用意周到さ、慎重な気配りが要求される」のである〔今村、一九九八：二二二〕。つまり、日常生活を「作品を作る芸術活動」のように営んでいるマエンゲの人々は、「それを当たり前の生活だと心得ている」という「ありえないことが実現しているのである」〔今村、一九九八：二二三〕。

古代ギリシャとマエンゲで共通しているのは、厳密な意味で「労働が存在しない社会」で、食うために多くの時間を費やす必要がない、ということである。確かに、古代ギリシャでは、一部の市民だけが労働から逃れていたけれども、階層全体の価値意識は多忙な労働を忌避するものだった。今村は、アルカイックな社会では、「階層の上下を問わずすべての人々の価値意識を方向づける文明の評価基準は余暇〔自由時間〕にあった」〔今村、一九九八：二五～二六〕と言っているけれども、厳密に言えば、アルカイックな社会において、「余暇」や「自由〔時間〕」という観念が存在していたとは考えにくい。それでも、今村が「多忙さ〔ビジネス〕が道徳的にプラス価値になる」という「百八十度ひっくりかえる」「壮大な価値転倒」〔今村、一九九八：二六〕を近代社会にもたらしたのは、労働という観念が近代社会の成立過程で出現し、効率性と勤勉さが近代的イデオロギーとして定着したからである。

> 労働は人間が生きていく上に「必要である」という機能面での重要性をいうだけでなく、労働が人間であることにとって本質的であるという考えは、とくにフランス革命以後にますます定着していき、ついには自明の事実として扱われる。そのとき、労働は人間を創造する行為であるとか、労働の権利は人間の自然的権利であるといった議論が展開されるようになる。〔今村、一九九八：五八〕（傍点引用者）

フランス革命以後に「自明の事実」として扱われるようになった近代的労働観は、現代社会においても多くの人々が抱くイデオロギーとして自明となっている。けれども、人間にとって労働が本質的で、労働する権利が人間の権利であるならば、「労働すること＝職」を社会は成員に対して保障しなければならない。確かに、かつて（建前上ではあったけれども）、失業は、国家が負うべき責任であり、社会問題であった。ところが、現代社会においては、失業は自己責任とされるだけでなく、不安定な労働市場の拡大によって、「失業状態／雇用状態」の境界線も曖昧になってきている。

3　労働市場のフレキシブル化

現代社会において、企業が商品在庫を抱えることには、経営的に大きなリスクを伴うことになる。クリスチャン・マラッツィは、フォーディズム期では厳格な計画性に依存していた企業生産の盛衰が、今日のポスト・フォーディズム期においては計画性を欠いた時機に依存している、と言う。

> フォーディズム期には、労働時間や生産方式は厳格な計画に則して決められていたが、今日われわれすべてが生きているポスト・フォーディズム期には、いずれもはるかに計画性を欠いているのであって、市場がもたらす諸状況、逸するべからざる時機にますます依存せざるをえなくなっている。なぜなら、熾烈な競争と市場の飽和の時代には、需要のほんのわずかな変化次第で、企業にとって、企業が生産を存続する上で、それが致命傷になりもすれば、起死回生にもなったりするからである。［Marazzi. 1999=2009:14］

産業資本主義におけるフォーディズムの進行が行き着いたのは、「大量生産品が大量消費されなければ利益を生み出さない」という至極当たり前の現実だった。フォーディズムが確立したのは、自動車工場の労働者たちが自ら生産したクルマを自ら働いて得た賃金で買い戻すというシステムである。大量生産＝大量消費という大衆消費社会の行き詰まりは、多品種少量生産を中心とした高度消費社会を生み出すことになるが、企業にとって重要なことは、物的生産というよりも、むしろ広告・宣伝を通じて商品イメージを作り出し、「消費者を生産する」ことへと変化した。けれども、消費者の計画的生産は、物的生産物を増産するようにはいかない。

生産性による収益は、生産物を増産する（そのようにして生産物の単価を引き下げる）ことによって獲得されてきたフォーディズム期の「規模の経済（生産規模の拡大する度に、製品単位あたりのコストが減少することをいう）」によっては、もはや実現しない。むしろ、数多くの製品モデルを少量生産し、欠陥をゼロにし、市場変動にタイミングよく対応することによって実現されるのである。［Marazzi, 1999=2009:15］

企業利益が市場変動の機会に上手く対応することによって実現されるポスト・フォーディズム期に生み出されたのは、リーン生産方式である。

市場の吸収力を超過するもの全てが除去されなければならないという意味で、工場は必然的に「最小化」せざるをえない。在庫ゼロについて語られるのも、売れ残った商品の在庫が嵩んでくるのがわかるやいなや、超過分が堆積する原因を断つための措置を講じなければならないからだ。そうした原因は、労働力と生産手段のいずれかの過剰なのかもしれないし、その双方かもしれない。生産過程の無駄を削ぎ落とし、需要に対して過剰なもの全てを排除することは、結局のところ、生産労働過程全体にわたって溜まった「脂肪」を取り除くことにほかならない。〔リーン生産方式の「リーン」は贅肉を削がれたの意〕。[Marazzi, 1999=2009:15]

リーン生産方式の下で、在庫ゼロが目標とされるのは物的商品だけではない。「生産過程の無駄」「需要に対して過剰なもの」には、原料だけでなく、労働力や労働者も含まれる。[★6] C・マラッツィは、流通・消費過程においてクレジットカードやバーコードが普及したことが「供給と需要、生産と消費の関係を逆転させた格好の一例である」とし、企業は「流通販売の瞬間が消費者の情報データ収集の場所となり、そのおかげで、物品サービスの大量消費を個別のニーズに合わせる」ように分析できる、と指摘する [Marazzi, 1999=2009:16]。供給と生産が需要と消費を決定したフォーディズムの衰退と入れ替わって現れたのは、需要と消費が供給と生産を決めるポスト・フォーディズム――フレキシブルな需要と消費に敏速に対応できるリーン生

産方式――であり、労働市場のフレキシブル化が資本の要請となったのである。[★7]

日本では、一九八〇年代後半まで三パーセントを下回る失業率を維持してきた。[★8] 日本の失業率が五パーセントを超えた二〇〇九年四月〜二〇一〇年一一月以降、二〇一八年三月の二・五パーセントまでほぼ一定して下降している。他方で、非正規雇用労働者の割合は、[★9] 一九八九年に一五・三パーセントだったのが、三七・三パーセント（二〇一七年）までほぼ一定して上昇している。ただ、注意しなければならないのは、現在に近づくに従い、これら「失業率」や「非正規雇用者の割合」など失業・雇用をめぐるマクロ的な数値が、現実とは乖離しているように感じられることである。

アントニオ・ネグリとマイケル・ハートは、「就労者と失業者の社会的区分がかつてないほど曖昧になりつつあると言ってもいい」と以下のように指摘している。

★6　かつて日本社会で閑職に追いやられたサラリーマンを「窓際族」と呼んだ時期（一九七〇年代末頃〜一九八〇年代前半頃）があったけれども、今や、窓際とは退職勧告すべき――お腹の出っ張り＝無駄な贅肉として削ぎ落とす――対象に他ならない。

ポストフォーディズムの時代にあっては、かつて支配諸国の労働者階級の多くの部門が当てにできた安定し保証された雇用は、もはや存在しない。労働市場の柔軟性と呼ばれるものは、どんな職も確実ではないということを意味する。今や雇用と失業の明確な境界は消滅し、すべての労働者がその間を不安定な形で行ったり来たりするというグレーゾーンが大きく広がっているのである。［Hardt & Negri, 2004=2005:220］

現時点で、A・ネグリとM・ハートが言うように「グレーゾーン」にすべての労働者が足を踏み入れているとは思われない。けれども、「大きく広がっている」「グレーゾーン」は、フランコ・ベラルディの言う「情報労働の圏域」と合わせて捉えると、現代的な現象としての「不安定性」という特質が理解しやすくなる。F・ベラルディによれば、「新たな現象であるのは、労働市場の不安定性ではなく、情報労働を不安定にしている技術的かつ文化的諸条件の方だ」［Berardi, 2009=2009:46］として、以下のように言う。

情報労働。それは情報商品のセグメントを精巧化《elaboration》し再結合する時間の供給なのであり、マルクスが資本と労働の関係に刻み込まれた傾向性として分析した具体的有用労働からの

★7
ジル・ドゥルーズが指摘した以下のような「規律社会から管理社会への移行」も、フォーディズムからポスト・フォーディズムへの移行と重なっている。

「規律社会と管理社会の区別をもっとも的確にあらわしているのは、たぶん金銭だろう。規律というものは、本位数となる金を含んだ鋳造貨幣と関連づけられるのが常だったのにたいし、管理のほうは変動相場制を参照項としてもち、しかもその変動がさまざまな通貨の比率を数字のかたちで前面に出してくるのだ。旧来の通貨がモグラであり、このモグラが監禁環境の動物だとしたら、管理社会の動物はヘビだろう。私たちは前者から後者へ、モグラからヘビへと移行したわけだが、これは私たちが暮らす体制だけでなく、私たちの生き方や私たちと他者との関係にも当てはまることなのである」。

[Deleuze, 1990=1996:296-297]

★8
総務省「労働力調査」、厚生労働省「職業安定業務統計」では、日本の完全失業率がはじめて三パーセントに達したのは一九八七年一月、四パーセントを超えていったのは一九九八年四月からである。

抽象化のプロセスの究極の到達点なのである。〔Berardi, 2009=2009:47〕

Ｆ・ベラルディの「情報労働」は、Ａ・ネグリらに代表されるマルチチュード派[★10]が労働の現代的変容（ポスト・フォーディズム的労働）を特徴づけるのに使用した「認知労働（問題解決や分析、シンボルや知識を生み出す労働）」「情動・感情労働（情動・感情などを生み出す主として接客・サービス労働）」と併用される概念である。市場の情報から流れや状況を読みリアルタイムに適応し、一人の労働者が多くの作業をこなすようになる特徴を強調する際に「情報労働」という概念が用いられることが多く、後にふれる「コミュニケーション労働」概念と重なるところが多い。ここではＡ・ネグリらにならって、これらの概念を総称して「非物質的労働」と呼ぶことにするけれども、「非物質的労働は必ずと言っていいほど、物質的な労働形態と混じり合う」〔Hardt & Negri, 2004=2005:186〕。つまり、製造分野の工場労働であっても、ポスト・フォーディズム的状況化では、変化する市場動向へフレキシブルに対応し、機械の数値を監視・解析・認知し、コミュニケーションすることが労働者に要請される。フォーディズムを象徴する物質的労働であっても、非物質的労働化していくのである。本章第一節で記述したように、一九八〇年の自動車工場では男性労働者が圧倒的多数であったのに、二〇〇〇年代に女性労働者の比率が三～四割へと上昇したのは、工場労働が非物質的労働化した結果なのである。ここでの「不安定性」をめぐる問題は、フレキシブルな適応が労働者に要請されることに加えて、資本による労働力の調達がフレキシブル化していくところにある。

情報労働の圏域に突入したとき、もはや特定の個人から無期限に毎日八時間買う必要はなくなる。資本はもう人間を調達するのではなく、交換可能かつ臨時的な担い手の人格から分離［析出］された時間のパケットを買うのである。［Berardi, 2009=2009:47］

★9　総務省「労働力調査」による正規雇用労働者と非正規雇用労働者の合計に占める非正規雇用者の割合。

★10　マルチチュード（Multitude）とは、「多数性」「民衆性」「群衆性」などの意味を持つ概念で、ポスト近代社会に現れた超大国覇権・グローバル資本による支配的秩序＝「帝国」に対抗し、地球規模による民主主義を実現する可能性として、Ａ・ネグリらによって提唱されたものである。

資本が必要な際に必要な分だけ労働力を調達せんとする傾向は、労働者＝「労働力を売る人間」にとって、生産に必要でないと資本にみなされた活動を労働時間・賃金から徹底的に削ぎ落とされていくことを意味する。もっとも、資本が一貫して安価な労働力を求めていく傾向は、資本主義の一般的特徴であった。けれども、資本が利潤を追求するには、一定の労働力を常用的に雇用・確保しておくことが必要で、労働者に人間の生活を保証するために必要な賃金も支払わねばならなかった。「情報労働の圏域」では、「労働時間はフラクタル化され、細胞化され《セル》」、労働力が「時間細胞」としてネット上で売買される［Berardi, 2009=2009:131］。

F・ベラルディは、携帯電話《セル・フォン》に関して、「フラクタル労働者と組み替え資本の関係を規定するのに最適の道具」で「認知労働の組み立てラインとみなすことができる」［Berardi, 2009=2009:131］と言う。

> 時間の外延は綿密に細胞化される。生産時間の単位細胞は迅速且つ臨機応変に、断片的な形で動員可能となる。この断片の再結合はネットワーク上で自動的に実現される。サイバー空間の生きた労働を動員して記号資本のニーズと接続できるようにする道具こそ携帯電話だ。労働者をよぶケータイの着信音が、その抽象的時間を網状流動体に再結合する呼び鈴なのである。［Berardi, 2009=2009:48］

ポスト・フォーディズムの資本主義下では、企業は、長期雇用する労働者を減らすだけでなく、オン（就労）／オフ（待機）の切替が自在に可能となる「情報労働の圏域」に囲い込んでおける労働力を手に入れたのである。

待機中の労働者が「失業状態であるか／雇用状態にあるのか」は曖昧になる。資本にとっては、この曖昧さが労働力調達の不安定性を回避させるクッションとなっているのに対して、待機中の労働者は常態化した不安定な状態にとどめおかれることになる。★11 待機状態におかれた労働者の中には、就労が終わると、同じ仕事に呼び出しがかかるのを待つ者、別の仕事を探しにいく者もいれば、待機しつつ新しい仕事探しに奔走する者もいる。彼／彼女らに共通しているのは、いつまでも待機し続ける羽目になるかもしれないし、呼び出しがかかっても就労できなければ、他の労働力に取って代わられることになる、という宿命である。

★11　こうした労働力市場の変容を「寄せ場的労働市場の拡散／興起」という視角から論じたものとしては、［中根、二〇一九］を参照されたい。

新聞の紙面上で「三人に一人が非正規雇用者」という見出しが踊るのは、長期化する経済不況のためでも史上最高値を更新した円高に起因するものでもない。かつて、失業は、国民国家が政策的に対処すべき社会問題であったけれども、今や、失業者はフレキシブルな労働市場にとって常時一定数必要とされる「余剰＝フレキシブルな労働力人口」なのである。

実際、労働者派遣法（正式名称：労働者派遣事業の適正な運営の確保および派遣労働者の就業条件の整備等に関する法律／一九八五年制定一九八六年施行）は、最初一部の専門職斡旋に限られたが、その後改正を重ね、一九九五年に一六業種から二六業種に拡大、一九九九年に斡旋可能業種のさらなる拡大（許可業務を列挙する従来の方式から禁止業務を列挙するネガティヴ方式と変わったことで「原則自由化」と呼ばれる）、二〇〇三年に製造業での斡旋解禁、二〇〇六年には派遣受け入れ期間延長と、雇用全体における非正規雇用の比率を拡大していく社会政策として機能した。

その後も、厚生労働省は、二〇一二年一〇月一日に法の名称を「労働者派遣事業の適正な運営の確保及び派遣労働者の就業条件の整備等に関する法律」から「労働者派遣事業の適正な運営の確保及び派遣労働者の保護等に関する法律」へと変更し、二〇一五年四月一〇日より「派遣先が派遣労働者を直接に正規雇用・無期雇用した場合、キャリアアップ助成金を拡充した」旨を告知し、二〇一五年九月三〇日の「法改正」で、「特定労働者派遣事業と一般労働者派遣事業の区別を廃止」し、事業所認可に際して「派遣労働者のキャリア形成支援制度を有すること」を義務化している。

上辺だけ見れば、「派遣労働者の保護」を掲げた「労働者派遣法」が、企業による正規雇用（雇用の安定）を促進する方向へ改正されたように錯覚させる。無論そうではない。そもそも、非正規雇用の割合を拡大し、雇用の不安定化を招いた主要な要因の一つである「労働者派遣法」がどのように改正されようと、雇用の安定へ寄与する方向などありえないのだ。この改正によって、労働力需要を抱える企業は、正規雇用者を雇い入れて「キャリアアップ助成金」をせしめることができる一方で、派遣労働者たちからは、無意味としか思われないキャリア教育訓練を受けざるをえない人たちが現れる。ただ、改正を重ねていく労働者派遣法のより本質的な問題は、組織された企業側が新たに変更された法的ルールを圧倒的有利に活用できるということだ。自らの雇用を確保しなければならない労働者にとって、自らの法的権利が複雑で分かり難くなるだけでなく、企業側が用意周到に準備したリスク回避の網を掻《か》い潜《くぐ》るなど至難の業となる（実際、労働者派遣法が改正されるたびに、労働者を雇用する企業側に対して、法改正に合わせた対処の仕方を示した多くのマニュアル本やウェブ情報などが出されている）。割を食わされた労働者は、「自己責任」となる。もはや失業問題は国家が責任をもって対処すべき社会問題でなくなり、フレキシブルな労働力の供給自体が産業化されたことは、労働自体を質的に変化させていく。

ジル・ドゥルーズは、ミシェル・フーコーが監獄に見出した近代社会の規律訓練型権力がポスト近代では管理社会のコントロール装置へと移行していく、と指摘している。

> 監禁は鋳型であり、個別的な鋳造作業であるわけだが、管理のほうは転調であり、刻一刻と変貌をくりかえす自己＝変形型の鋳造作業に、あるいはその表面上のどの点をとるかによって網の目が変わる篩に似ている。［Deleuze, 1990=1996:294］（傍点原文）

> 規律型人間がエネルギーを作り出す非連続の生産者だったのにたいし、管理型人間は波状運動をする傾向が強く、軌道を描き、連続性の束の上に身を置いている。いたるところで、サーフィンが従来のスポーツにとってかわったからである。［Deleuze, 1990=1996:297］（傍点原文）

工場のリズム（鋳型）に適応すべく自らの身体を近代的主体として規律・訓練することで成立した勤勉な近代フォーディズムの労働者は退き、ポスト近代には、変化し続ける篩《ふるい》の編み目に自己を変形させてフレキシブルに適応するポスト・フォーディズムの労働者が前面に現れるのである。G・ドゥルーズがサーフィンに擬《なぞら》えたように、労働者は、押し寄せる波をボード上で躱《かわ》し続けていくしかない。波のように絶えず変化する状況へ「適応する」労働が要求されるのだ。大学で実施されているキャリア教育において「企業が求めているのはコミュニケーション能力です」という陳腐なスローガンが繰り返されるのは、コミュニケーション能力の内実が「雇用者側の都合で刻々と変化する仕事の状況に適応する能力」だからだ。ポスト・フォーディズムにおける労働の特徴に関して、C・マラッツィとパウロ・ヴィルノは、以下のように指摘している。

> フォーディズム期には、技術者テイラーの指示にならって、一日中同じ動作をしていなければならないほど専門化され細分化された労働力が必要とされていたが、ポスト・フォーディズムにおいて「理想的」な労働力は、リズムや職務の変化に高度な適応能力を有するタイプの労働力、情報の流れを「読み」、「コミュニケーションしながら働く」ことのできる多機能な労働力である。フォーディズムの労働タイプにくらべると、ポスト・フォーディズムの労働タイプでは、かつてはたがいに厳格に区別されていた諸機能が再統合され、実務、計画立案、品質管理といった一連の生産業務が各労働者個人へと「再配置」されるようになる。［Marazzi, 1999=2009:18-19］（傍点原文）

労働＝力が、労働者のもつ肉体的かつ精神的な〈すべて〉の力量の総体という、その正規の定義に完全に対応するようになったのは、現代においてだとわたしは思います。今日はじめて、労働＝力は、精神的、認知的、言語的な能力としても現われているのです。テイラーシステム／フォードシステムの時代にはまだ、基本的には肉体的能力だけが問題とされていました。ですが現代の状況では、精神の生と、何よりも言語能力と、完全に一致しています。それゆえわたしは、ポストフォーディズムの時代において、生物学的潜在力が社会的な姿の内に〈具現〉したと主張したいのです。[Virno, 2003=2008:90]

上記のC・マラッツィとP・ヴィルノに共通しているのは、ポスト・フォーディズムの労働では、とりわけても「コミュニケーション＝言語能力」が重要であるという指摘である。さらに、専門化・細分化された労働力や肉体的労働力ではなく、精神までをも含めた統合的な労働力である。

かつて、映画『モダン・タイムス』でC・チャップリンが痛烈な批判で描き出したフォーディズムにおける機械の下部・部分に成り下がった「非人間な労働」は、肉体能力だけでなくコミュニケーション能力を含めて精神能力までをも駆使するポスト・フォーディズムの労働へと変貌したのである。ポスト・フォーディズムの労働は、人間的だと言えるのだろうか。Ｃ・マラッツィは、以下のように述べている。

> 労働の終焉という理論があり、フォード＝テイラー・システムの労働は消滅するのだと言われました。けれども現実には、ポストフォーディズムの社会で労働時間は増大し、賃金は減少しました。〔中略〕労働量が増大したのは、これまでの単なる労働時間に加え、社会的な労働時間が新たに必要となったからです。それは、コミュニケーション＝関係構築の時間、熟慮反省の時間、学習の時間です。ポストフォーディズムは、労働と労働者、労働作業と労働者の身体を切断するような、テイラー主義的労働を乗り越えようとしました。そこでは「スキル」、「適応力」、「反応力」、「潜在力」が、労働力とりわけ若年労働力を雇用する基準になっています。〔Marazzi, 2002=2010:43-44〕

重要なのは、ポスト・フォーディズムの労働が「単なる労働時間に加え、社会的な労働時間が新たに必要となった」というＣ・マラッツィによる指摘である。ポスト・フォーディズムで労働力として雇用されるためには、勤勉さではなく、労働時間以外にコミュニケーションや学習などを通じて、刻々と変化する需要や消費の動向に適応するフレキシブルな能力が必要とされるようになったのである。

山本泰三は、Ａ・ネグリらを手掛かりとして、非物質的労働を「情報化され著しく可変的になった労働」「シンボルや知識を操作し加工する労働」「接客やケアなどを典型とする対人サービス、感情労働」の三つに分類している〔山本、二〇一六：六〇〕。また、同じくＡ・ネグリらにしたがいつつ、内藤敦之は、認知資本主義における労働の変容を論じた際、非物質的労働を「問題解決や象徴的・分析的な作業、そして言語的表現といった、主として知的ないしは言語的な」「認知労働」と「安心感や満足、興奮、情熱といった情動を生みだしたり操作したりする」「情動的労働＝感情労働」の二つに分類している〔内藤、二〇一六：三一〜三二〕。また、内藤は、非物質的労働の特徴として、「労働と余暇が曖昧になっていること」と「雇用形態が変化するだけではなく、多様化し、さらに就業状態と失業状態の区別も曖昧になる」と指摘している〔内藤、二〇一六：三二〕。皮肉なことに、「労働と余暇が曖昧になっている」という現代的な非物質的労働の特徴は、本章第二節で今村〔一九九八〕に依って記述したアルカイックな（古代ギリシャとマエンゲの）労働観と共通したものである。

ジグムント・バウマンの以下の記述には、フレキシブルな労働に潜在している非人間的な側面を読み取ることができる。

「フレキシブルな労働市場」は、現在従事している仕事に全力を傾けようとする気持ちも、献身的に取り組もうとする気持ちも起こさせないし、その余地も与えない。現在従事している仕事に愛着を覚え、その仕事が求めるものに夢中になり、この世界の中での自分の場所を、取り組む仕事やそれに動員されるスキルと同一化することは、運命の人質になることを意味する。〔中略〕選ばれた少数者以外の多くの人々にとって、今日のフレキシブルな労働の時代に自らの職業を天職として大事にすることは、大きなリスクを伴い、心理的・感情的な災いのもととなる。［Bauman, 2005=2008:70］

フレキシブルな労働市場では、非正規雇用の比率が拡大し、雇用が不安定になっていくだけではなく、労働の内実＝仕事自体がフレキシブルになっていく。正規雇用であっても、自らのスキルが通用する状況がいつまでも続くとは限らない。消費主義社会において消費者が各ステージで新しいアイテムを必要とするように、★12ポスト・フォーディズム期における労働者は、変化していく需要に合わせて、次々に新しいスキルをアイテムのように取り替えて（消費されて）いかなければならないのである。

5　ポスト・フォーディズムにおける労働観

最近、私が仕事や労働に関して話を聴いた人たちは、二つのタイプに分けられる。

一つ目は、皆定職に就いているけれども、「つらい」「辞めたい」「転職したい」と言いつつも働き続けている人たちで、圧倒的に多数のタイプである。理由を聴いてみると「ノルマがきつい」「求められる結果が出せない」「給与が安い」「職場の上司や人間関係が酷い」など様々である。ただ、当人たちには失礼な言い方になってしまうけれども、これら様々な理由はどれも「なるほど」と納得できる一方で、どれもありきたりなものに思えてしまう。

私は、本章第二節で自らの労働観について、「賃金と引き換えに自分の時間（自由）を売ること」が労働というイメージだとすると、私が就いている職業は、「研究以外の仕事＝労働」と「研究＝労働でない仕事」から成り立っている、と書いた。現在進行中の働き方改革では、大学の常勤職は、「一定水準以上の年収」という基準で「高プロ」[★13]になるかどうかの丁度ボーダーライン上にある。高プロが「選ばれた少数者」［Bauman, 2005=2008:70］であるとすれば、自らの意思と裁量で私が行っている研究活動は、ポスト・フォーディズムにおける労働（観）の変容を象徴する典型的な仕事の一つなのかもしれない。

二つ目は、ごく少数であるけれども、「ノルマなんて楽勝ですよ」「結果出すだけなら簡単」

と言い放ったり、働いている当人たちに労働しているという意識がなく、労働時間／余暇という区分もないように思われる人たちである。こうした人たちには、自営業者だけでなく、一般企業で定職に就いている人もいれば、非正規や契約で雇われている人もいる。「高プロだろ」と思われるかもしれないが、実際のところ、彼／彼女らの収入はまちまちで、これも当人たちには甚だ失礼に違いないけれども、とても仕事に見合った報酬を受け取っているとは思えない人たちもいる。確かに、こうした人たちに共通しているのは、自らの仕事に対する向かい方が

★12　アイテム消費に関しては、本書第三章「消費主義社会を考える」参照。現代社会において、人々の生活世界を区分し、その認識を拘束するような境界線は、Z・バウマンが『新しい貧困』[Bauman, 2005=2008] で繰り返し述べているように、消費の領域にある。

★13　「高プロ」とは高度プロフェッショナルの略で、高度な専門知識を持っており、一定水準以上の年収を得ている労働者を意味する。近年、日本政府が進めている働き方改革の一つ「高度プロフェッショナル制度」では、「高プロ」の労働者を労働時間規制対象から外すことが目指されている。

職人のように感じられることである。もちろん、実際に職人でなければできないような仕事をしている人たちもいるけれども、一緒に同じ仕事に就いている多くの人たちが到底職人のように思われないのに、彼／彼女だけが職人のように感じられるから不思議である。さらに、彼ら／彼女らは、自らの仕事に愛着を覚えているには違いないけれども、Z・バウマンが言うような「その仕事が求めるものに夢中になり、この世界の中での自分の場所を、取り組む仕事やそれに動員されるスキルと同一化する」〔Bauman, 2005=2008:70〕人々ではない。むしろ、この世界の中で自分の場所を探し、担っている／担わされている仕事が求める以外のものを求めて、夢中になっているのである。もちろん、こうした働き方＝生き方には、「大きなリスク」と「心理的・感情的災い」〔Bauman, 2005=2008:70〕が付きまとうかもしれない。

ここで示した二つのタイプに関して、どちらが望ましいかどうかは分からないし、職人のような仕事は、そもそも選択可能なものかどうかも分からない。そしてポスト・フォーディズムにおいては、どちらも（仮に一つ目を選択できたとしても）Z・バウマンの言う「大きなリスク」「心理的・感情的な災い」から逃れられるわけではない。

けれども、この先、私がやってみたい仕事は、二つ目の職人のような仕事をしている人々の労働をポスト・フォーディズムの労働観に位置づけて捉えることである。ポスト・フォーディズム期において、資本・企業がパケットのように必要な時に必要なだけ——徹底して無駄を省いて――人間の精神性を含めた統合的な労働力を「効率的に」消費しようとする傾向は、今後益々強くなっていくであろう。それでも、人間が労働する際、単に「効率的に」だけ働くことは極めて難しい。実際にどんな労働であっても、要請された仕事の分だけを最小限の労力だけ使って「効率的に」働こうと心掛けたとしても、労働者がそれを貫徹するのは至難の業である。[★14] ましてや、ポスト・フォーディズムで主流となるコミュニケーション労働や感情労働などを担う非物質的労働者にとっては、現実に不可能である。職人のような仕事をしている人々は、担っている仕事にただ愛着を抱いているわけでなく、特定の拘《こだわ》りを持ち、資本・企業にとって「効率的でない＝余計な」ことまでも、自らの仕事として抱えこもうとしているのである。

　ポスト・フォーディズムにおいて、資本・企業によって労働が消費される運命であったとしても、消費させる労働が入り込む隙間のような可能性を見出してみたいのである。「笑われる」ことと「笑わせる」ことが同じ結果でも全く違うように……。

★14　「砂漠で稲を育てるような無意味な仕事」と言われる大学の講義でも、教室で学生の反応に気を遣わないように、可能な限り体力の消耗を避けて声を張らないようにしたほうが良いと分かってはいても、なかなかそのような「理想的な労働」をすることは難しい。

文献

Bauman, Zygmunt, 2005, *Work, Consumerism and New Poor, Second Edition*, Open University Press.（＝二〇〇八、伊藤茂訳『新しい貧困——労働、消費主義、ニュープア』青土社）

Berardi, Franco, 1997, *Dell'innocenza, 1977: l'anno della premonizione*, Ombre Corte.（＝二〇一〇、廣瀬純・北川眞也訳『ＮＯ　ＦＵＴＵＲＥ　ノー・フューチャー——イタリア・アウトノミア運動史』洛北出版）

Berardi, Franco, 2009, *Precarious Rhapsody: Semiocapitalism and the pathologies of post-alpha genrration*, Minor Compositions.（＝二〇〇九、櫻田和也訳『プレカリアートの詩——記号資本主義の精神病理学』河出書房新社）

Castel, Robert, 2009, *La montée des incertitudes: travail protections, statut de l'individu*, Éditions de Seuil.（＝二〇一五、北垣徹訳『社会喪失の時代——プレカリテの社会学』明石書店）

Deleuze, Gilles, 1990, *pourparlers : 1972-1990*, Les Editions de Minuit.（＝一九九六、宮林寛訳『記号と事件——一九七二—一九九〇年の対話』河出書房新社）

Hardt, Michael and Antonio Negri, 2004, *Multitude : War and Democracy in the Age of Empire*, Penguin Press.（＝二〇〇五、水島一憲・市田義彦監修、幾島幸子訳『マルチチュード——「帝国」の時代の戦争と民主主義（上）』日本出版協会）

今村仁司、一九九八、『近代の労働観』岩波書店

Marazzi, Christian, 1999, *Il posto dei calzini: La svolta linguistica, dell' economia e i suoi effetti sulla politica*, Bollati Boringhieri.（＝二〇〇九、多賀健太郎訳『現代経済の大転換――コミュニケーションが仕事になるとき』青土社）

Marazzi, Christian, 2002, *Capitale & Linguaggio: Dalla New Economy all'economia de guerra*, Derive Approdi.（＝二〇一〇、柱本元彦訳『資本と言語――ニューエコノミーのサイクルと危機』人文書院）

内藤敦之、二〇一六、「認知資本主義――マクロレジームとしての特徴と不安定性」山本泰三編『認知資本主義――二一世紀のポリティカル・エコノミー』ナカニシヤ書店

中根光敏、二〇一二、「消費される労働／労働化する消費」『広島修大論集』五二―二

中根光敏、二〇一九、「寄せ場的労働市場の拡散／興起」『解放社会学研究』三二

Virno, Paolo, 2003, *Scienze Socialie "Natura Umana" Facoltà di linguaggio, invariante biologico, rapporti di produzione*, Rubbettino Editore.（＝二〇〇八、柱本元彦訳『ポストフォーディズムの資本主義――社会科学と「ヒューマン・ネイチャー」』人文書院）

山本泰三、二〇一一、「非物質的労働の概念をめぐるいくつかの問題」『四天王寺大学紀要』五二

山本泰三、二〇一六、「労働のゆくえ――非物質的労働の概念をめぐる諸問題」山本泰三編『認知資本主義――二一世紀のポリティカル・エコノミー』ナカニシヤ書店

あとがき

社会学とはどのような学問なのか？

テオドール・アドルノ[★1]は、「社会学と経験的研究」と題した論文の冒頭で、以下のように述べている。

アカデミックな学科としての社会学という名称のもとに総括されているもろもろの研究方法は、たがいに、きわめて抽象的な意味においてのみ結びついている。つまり、これらの方法は、すべて何らの形で社会的なものを取り扱うことによって結びついているにすぎないのである。しかし、その対象も方法も統一されてはいない。［Adorno, 1957→1962=2012:272］

T・アドルノが「社会的なものを取り扱う」と書いてから六〇年以上が経過した現在であっても、〃社会的なものを研究する学問〃ということ以外に、社会学の共通の定義を見出すことは不可能である。むしろ、「社会的なもの」がより複雑化した現代社会において、社会学という名の下でなされている研究の対象・方法は、T・アドルノが生きた時代よりもさらに多様化している。

本書『社会学する原動力』は、社会学に何らかの関心を抱いている初学者向けに書かれたものであるけれども、方法や理論や専門用語を平易に解説しているような一般的な入門書ではない。本書は、私たちが生きている社会で、多くの人たちが実際に経験した――マス・メディアやウェブからの情報でふれた――だろう現象・事件・出来事に関して、社会学的な考察を試みたものである。目次を見れば分かるように、本書は、社会学という学問の全体像を体系的に網羅しようと試みたテキストではない。そのような試み自体が――社会学という観点からすれば――膨大な知識社会学という極めて専門的なものにならざるを得ないために、入門者向けとしては不向きなものになってしまうだろう。だから、本書で取り扱った研究対象・方法は、〃社会的なものを取り扱う〃社会学全体からすれば、随分限られたものである。けれども、本書の各章で試みた社会学的考察は、入門者でも理解できるように工夫する一方で、分析のレベルを下げないように心掛けたつもりである。
さて、大風呂敷を広げれば、「社会学とは、現実を生きる人々の経験を手掛かりとして、人間が自由と平等に生きられる社会を模索していく学問だ」と私は考えている。もちろん、そんな理想的な社会が実現可能だと考えているわけではない。理想的な社会を模索しようと試みるがゆえに、社会学という学問は、現にある〝社会的なもの〟の在り方に批判的な考察を試みるのである。T・アドルノは言う。

学問とは、観察された現象がおのずからあろうとするものの、真実と不真実を突きとめることだと言えよう。認識に内在する真実と虚偽の弁別力によって、同時に批判的にならないような認識など存在しない。社会学は、その組織の中で石化してしまっているもろもろの対立命題を動き出させるような社会学となったときはじめて、本来の姿となるであろう。［Adorno, 1957→1962=2012:203］

複雑で膨大で強固な社会であっても、「納得できない」「気に入らない社会」である限り、批判的な認識が絶えることはない。「本来の姿となる社会学」を模索して、〝社会的なもの〟に触発され、自己の内側で喚起する探究心こそが、私の「社会学する原動力」である。

松籟社の編集者・夏目裕介さんから「『社会学に正解はない』、そろそろ賞味期限が……、新しいテキストを出しませんか」と連絡をいただいたのは、随分前のことだった。その時は、構成案を作成して具体的な出版計画に入ろうとしたところで、事情により一旦ペンディングになり、その後中止となってしまった。改めて本書の出版計画を作成したのは二〇一七年春で、夏の終わりには草稿まで書いたものの、それからが大変だった。

完成原稿を脱稿したのが二〇一八年一二月一六日で、初稿ゲラが上がってきた一二月二六日から入った校正作業は今も続いている。執筆者たちが完成原稿を遅らせたことで、ギリギリのスケジュールになってしまったにもかかわらず、沢山のコメントをゲラに書き込んでくださった夏目さんには、心より感謝したい。

本書の出版は、二〇一八年度広島修道大学「教科書出版助成」によるものである。

最後に、本書の装丁を引き受けていただいた洛北出版の竹中尚史さんと、本書の刊行を引き受けて下さった松籟社の相坂一社長に感謝いたします。

二〇一九年一月九日　中根光敏

文献

Adorno, Theodor, 1957→1962, "Sociologie und empirische Forshung", Horkheimer, Max & Theodor Adorno, *Sociologica II Reden und Vortäge (Frankfulter Beiträge zur Soziologoie 10)*, Europäische Verlagsanstalt.（＝二〇一二年　三光長治・市村仁・藤野寛訳『ゾチオロギカ――フランクフルト学派の社会学論集』平凡社）

★1　Theodor Adorno（一九〇三～一九六九年）はドイツの哲学者・社会学者・音楽家。

論文の書き方

論文の書き方

中根光敏

　ここでは、自分自身が生きている社会において、何かを「知りたい」「明らかにしたい」「考えたい」という関心を多少でも抱いている人たちだけを読者として想定している。そのため、社会の中で関心を持てる事柄が全くない人たちは、「論文を書く必要がない」ので、これ以上、読み進めなくてもいい。

「でも卒業するために論文を書くことが必須条件になっているのに」と憤《いきどお》りをおぼえる人たちがいるだろう。私は、こうした憤りに関して、「当然だ」「ごもっともだ」と考えているし、大学でも「卒論を必須科目から外すべきだ」という卒論不必要論を繰り返し主張して、たびたび同僚たちから顰蹙《ひんしゅく》を買っている。でも論文なんていうものは、誰もが書くべきものでもないし、そもそも、社会に関して「何の関心も無い」「何の問題も感じない」人たちに、無理矢理に論文を書かせるのは、不可能なミッションだ。

　ただ、膨大な文献に精通し、広く深い学術的知識を持っていても、あまり論文を書かない人たちは存在する。私に社会学的知識を叩き込み、私を社会学という学問へと誘った二人の研究者は——全く書かなかったわけではないけれども——あまり論文を書かなかった。二人に共通していたのは、活字中毒のごとく豊富な読書量と卓越した読解力を持っており、専門的知識を伝えるコミュニケーション能力も有していた。彼らは、文献について詳細な読書ノートまで作っ

ていた。私を含めて彼らに師事していた者たちは、「著書や論文を書いて欲しい」と度々言っても、二人とも聞く耳を持たず、なかなか書かなかった。おそらく、もう既に自分が分かってしまったことを書くことよりも、自分がまだ知らないことをもっと知りたいという思いの方が強かったのだ。私の場合は、文献を読んでもなかなか思うように理解できないので、自分で何か物を書いてみて、ようやく理解した気になれることが多い。それが、私の書くということへの動機付けの一つになっているようだ。

論文を書きたくない（書く能力のない）人たちがいるのは当たり前のことなのだが、「卒論を書かないで大学卒業などありえない」と主張する甚《はなは》だ迷惑な同業者がいるので、私の不必要論はなかなか受け入れられない。義務教育ではない大学を卒業する必要はないので、書きたくない人にも「書かない自由と権利は保証されている」と前向きに考えて卒業を諦めて欲しい。決して馬鹿にしているわけではない。別に大学を卒業していなくても論文も何も書かなくても、素晴らしい仕事をする人たち、とても敵わないと思わせるセンスや知識や技術を持っている人たち、心から尊敬できるような人たち、そんな人たちを私は何人も知っている。だから、冗談や皮肉ではなく、私は、真面目にそう考えている。

ただ、書きたくない人にとって朗報なのは、次第に私の卒論不必要論に同調する同僚たちが増えていることだ。とりわけても、かつては頑《かたく》なに「卒論絶対必修」と譲らなかった先輩の同僚たちから「もう卒論必修は無理だ」と翻身する者たちが少しずつ現れてきたことは、卒論無用論者としては良い傾向だと思う。この後、10年か20年たてば、本書のようなテキストに、このような「論文の書

き方」は、要らなくなるか、あるいは、「論文を書く」という強い意志を持った人たちへ向けた内容に変化するだろう。

それでもここで、あえて「論文の書き方」を示すのは、私を社会学という学問へと誘った二人の研究者が私に「論文を書くな」と決して言わなかったからだ。実のところ、彼らはいつも書こうと格闘していた。社会学の論文を書くためには、何らかの社会に関わり、何らかの関心を抱き、自分自身が知らず知らずの間に身につけてきた考え方を自覚し、さらにそれを他者の批評に晒さなければならない。そんなどこか気恥ずかしい「論文を書く」という経験は、下を見ずに跳躍するような不思議な快感をもたらすのである。一度はそんな気恥ずかしさと快感を味わってみたいと思う人たちに向けて、書いてみよう。

1　テーマの設定

社会学に限定しなくても、論文を書く際に最も重要なのは、テーマを設定することだ。その論文が、上手く整理されて読みやすいものであっても、いかに精巧に作成されていようと、テーマ設定が不適切であれば、全く価値のないものになってしまう。実際、論文の作成に最も時間と労力を注ぎ込むべきなのは、テーマ設定のプロセスだ。

テーマ設定のためには、自分が関心を抱いた課題について書かれた先行研究（論文や学術書）を調べ、読み進めていく必要がある。ゼミの教員から紹介された論文や学術書は、必ず読まなければならな

い。それらの論文や学術書には、必ず参考文献が記載されているから、それらの中から関心を抱いたものをピックアップして読んでいけばよい。そうすれば、また読むべき新しい文献が記載されている。

テーマ設定の際に、文献リスト（作成法は「4-2 文献リストのまとめ方」を参照）を作成し始める。読みたい文献があっても、絶版になっていてすぐに買えないこともあるし、図書館にあっても貸し出し中のこともあるだろう。だから、読むべき文献をリスト（これを未読文献リストと呼ぼう）にしてデータとして保存しておく。既読文献リストを別途データとして作成しておき、未読文献リストにある文献を読み終わったら、既読文献リストへ移動させる。この作業を繰り返し行えるような作業リズムができてくれば、大抵、研究テーマが自然に立ち上がってくるはずである。

1-1　スケジュールを立てる

テーマを決めるにあたっては、歴史（時間）的な区切りを行うことと、地理（空間）的な区切りを行うことである。この二つが曖昧だと、テーマは際限なく拡がってしまい、絞り込むことが不可能になってしまう。

たとえば、「現代社会における流行現象」なんていうテーマを掲げてみたのであれば、「現代」とは何年から何年までなのか、「社会」とはどの国・地域なのか、「流行」とは誰にとって何の流行なのかをできるだけ具体的にしておく必要がある。「若者」「子ども」「老人」「女性」「オヤジ」などと言うならば、何処にいる何歳から何歳までなのかを決めてしまう。一旦は、強引にギリギリまで絞れるだけテーマに関連した対象を絞り込む。この作業を経てはじめて、「自

分自身が何に一番関心をもっているのか」という出発点に立つことができる。

そして、テーマをうまく絞り込んでいくためには、論文作成の大枠のスケジュールを組んでみることも大切である。ほとんどの人は、就職活動をするだろうから、４年次の４月～７月中旬までは、卒論に集中することはできない。４年次の夏休みに入るころには、もう残された時間は５カ月ほどしかない。それまでに何をしておかなければならないのか、を予め考えてスケジュールを組んでみよう。

論文の作成は、テーマの設定を除けば、「データ・文献の収集」「データ・文献の分析」「執筆」の作業に分かれる。

データ収集の際に、調査を必要とするテーマであれば、調査の日程もスケジュールに組み込まなければならない。特に、フィールド・ワーク調査を行うのであれば、遅くとも３年になる頃からフィールドに入るのが望ましい。

文献研究だけで論文を書くとしても、文献を収集するのには、意外に時間がかかる。国内の文献であっても、身近な図書館になかった場合、他の図書館から借り出そうとすれば、読みたい本が手元に届くまでに、最低１カ月はみておいたほうがよい。

遅くとも、４年次になるまでには、卒論作成に使用する文献のほとんどを揃えておくべきである。そうすれば、就職活動の期間を有効な読書の時間に使うことができる。

実際に、論文を作成してみれば体験的に分かることだが、執筆には相当の集中力を必要とする。色々神経を使う就職活動と並行して執筆を行うのは、よほど頭の切り替えの早い人以外は不可能だろう。実際に、プロの研究者であっても、その多くが、投稿しようと

する研究誌の締め切りにあわせて論文作成のスケジュールを組んでいるのである。

1-2　テーマ設定がうまくいかないタイプ

私のこれまでの経験から言えば、テーマ設定がうまくいかない人には、以下のような典型的なタイプがある。

タイプA：関心を抱いている漠然とした大きなテーマからテーマを絞りきれない人。例えば、「労働問題」「性の問題」「差別問題」「マスコミ」「現代文化」など、一生かかっても追いきれない巨大なテーマから逃れられない人である。

タイプB：関心を持っているテーマが複数あり、それらが拡散していて、どのテーマにも絞りきれない人。ゼミの報告ごとにテーマが変わってしまうような浮気性な人。

タイプC：関心を持っているテーマが、あまりにも独特なものであるために、参考にしたり参照したりする文献やデータがほとんど見つからず、研究が進まない人。このタイプを独創的だと思うのは、全くの見当違いで、ただ学術書や論文を「読む気がない」「読まない」だけだ。

タイプD：比較的絞り込んだテーマに関心を抱いているにもかかわらず、参考にした複数の文献のそれぞれにひきずられてしまい、自分のテーマを見失ってしまう人。

タイプE：自分の手に負えないようなテーマを設定してしまう人。典型的な事例としては、学習したこともない外国語の語学力を必要とするテーマを設定してしまう人や、莫大な調査の費用が必要となるようなテーマを設定してしまう人があげられる。

テーマ設定がうまくいかない人のタイプは、このように様々であるけれども、それらの人々の多くに共通していることが一つある。それは、自分が関心を抱いている課題の全てを、一つの論文を書くだけで明らかにできると勘違いしていることである。卒業論文を含めて論文というものは、所詮、作成期間が限定された一つの書き物にすぎない。この制約の中で、現実に実行可能なテーマを設定することが、論文の作成においては、何よりも重要である。そして、実はそうしたテーマの設定こそが、自分が関心を抱いている課題の全体に迫るための一番の近道なのだ。

1-3　書くための目次の構成方法（目次の組み立て方）

本格的な論文を書く際には、目次を作ってから書き始めたほうが効率的だ。個人差もあるけれども、長い文章を書くことに慣れていない人は、とりあえず目次を構成してみよう。ただし、ここで構成する目次は、最終的なものではなく、あくまでも「とりあえず」のもので、書くための目安にすぎない。だから、気楽にやり始めれば良い。けれども、それは、細かければ細かいほどいい。なぜなら、ここで示す方法は、短い文章をつなぎ合わせて、長い文章にしていく方法の一つだからだ。

まず、50枚ほどの付箋紙を用意する。付箋紙は、目次の小見出

しを書き込める程度の大きさで、75㎜×75㎜くらいが私には丁度良い。それから、机の上に拡げられる程度の大きさで、手に持っても折曲がらない厚さをもった紙（ボール紙）を10枚程度用意する。A4サイズの大きさがあれば十分だろう。A4サイズ10枚を一挙に並べられるような広い机上で作業できるのであれば、紙は一般のレポート用紙でかまわない。

次に、付箋紙に、思いつくまま、自分が書きたいことを小見出しとして、１枚に１項目ずつ書き込んでいく。書き込んだ付箋紙は、机上に拡げた紙に貼り付けていく。机上の紙に貼り付けた付箋紙がある程度の枚数になってきたら、それらの付箋紙を順番に並び替えてみる。小見出しを思いつけないほど付箋紙に書き込んだら、今度は、付箋紙を貼り付けていない新しい紙を使って、１枚を「１章」にみたてて、目次の構成を考えながら、章ごとに紙をかえて、付箋紙を移動させていく。この作業が終わったら、章ごとに複数の付箋紙を貼り付けた紙が数枚できあがっているはずである。そしたら、各章ごと１枚になっている紙を眺めながら、他に書かなければならない項目が漏れていないかどうかチェックする。大抵、そうした作業を行えば、最初に書き込んだ項目以外に、書かねばならない追加項目がいくつか浮かび上がってくるはずである。追加項目を書き込んだ付箋紙を適切な位置に貼り付ければ、完成である。

付箋紙の数を数えてみよう。付箋紙の数で論文に必要とされる字数（２万字～４万字）を割れば、付箋紙一枚に書いた１項目で何字書かなければならないか、という目安が判明する。仮に、２万字書くとすれば、付箋紙が50枚あれば、１項目当たり400字程度で書くことになる。

これらの作業を終えたら、一旦、それを目次として、書きやすい項目から書き始めてもかまわないし、さらに目次の階層を考えてもいい。論文は複数の「章」から構成されているが、さらに各「章」が複数の「節」から構成され、さらに各「節」が複数の「項」から構成されている。この章→節→項を「目次の階層」と言う。

これらの作業は、アウトライン(プロセッサ)というパソコンソフト(たいていのワープロソフトには標準機能として付属されている)を使っても行うことができる。最近のアウトラインソフトは、かなり使い勝手がよくなった。ただ、実際にやって比較してみれば分かるけれども、作業としては、付箋紙を使ったほうが効率的である。

2　目次の書き方

実際に論文を書くというとき、重要なのは目次の作成である。

２万字～４万字程度の論文を書くとき、明らかにできるのは１点である。多くの場合、論文の結論は研究者の思いこみである。最初から結論を決めてしまうと、その結論に拘《こだわ》ってしまうために、いくらデータを集めても、いくら本を読んでも、さして新たな「発見」というのは期待できない。もちろん、実際に文章を書きながら、細かい箇所は調整する必要があるし、実際に書き始めないと結論自体はっきりしないことも多い。しかし、大枠を決めてないと、いくら文献を引用し、データを使用しても、筆者が何を伝えたいのかが読み手には全く伝わらない。目次は、「論文完成」までの道標のようなものであり、実際に書きながら、横道にそれたり、迷ったり、途

方にくれたりするのを防いでくれるものだ。

「書くための目次の構成方法」でつくった構成案にしたがって、全体を章、節、項に分割する

★例

第１章

第１節

第１項

論文は、「はじめに（イントロダクション）」「研究内容（ボディ）」「結び（コンクルージョン）」で構成する。

A　はじめに（イントロダクション）

①テーマを選んだ理由、動機、自分自身の問題関心、調査・研究方法について。

②論文で、何をどのように明らかにするのか？

「はじめに」では①と②だけを書く。

論文で最も重要なのは「はじめに」と「結び」である。

「はじめに」は、論文で取り扱うテーマに関する自身の「動機付け」「論文全体の見取り図」「明らかにしようと試みる課題」を整理して読者へと示す。「結び」は、論文全体を振り返ってまとめ、論文で明らかにしたことと、明らかにできなかったことを課題として示す。「はじめに」と「結び」は、論文全体の内容と一致するように最後に書く。

B　第１章　先行研究をまとめる

論文で使う用語について言葉の意味をはっきりさせること。自分のテーマに関する先行研究を整理し、明らかにされている点、明らかにされていない点をはっきりさせること。

C　第２章〜第４章　研究内容（ボディ）

①第１章で示した枠組みに沿って、具体的にデータを解釈、分析していく。

②先行研究で明らかにされていないこと、不充分な点に関して、著者自身が集めたデータで分析していくことを目指す。

③年代、時期、いくつかのパターン、カテゴリーに分類し、それぞれを比較する形で分析する。

D　第５章、もしくは「結び」

①論文で、何をどのように明らかにしたのかをまとめて示す。既に書いたことの繰り返しでかまわないし、最も読み手に伝えたいことは繰り返すことで強調する。

②自分の研究テーマに関する今後の課題を示すことで終わる。

E　註

本文に書くと、「論点がずれる」「文脈としておかしくなる」けれども、補足として書いておきたい事柄は、「註」にまわして書く。

G　文献

既読文献リスト（「1テーマの設定」参照）の中から参照した文

献を移（写）し、論文の文献リストを作成する。

3　論文作法

論文を書く際に気を付けなければならないのは、「自分が言いたいことをいかに分かりやすく読み手に伝えるか」という点である。

3-1　文脈を考える

文献を引用する場合も、インタビューなどのデータ、資料を提示する場合も、なぜその箇所が必要なのかを考える。そして、だらだらと引用したり、データを示したりするのではなく、最低限必要な箇所（最も効果的に、自分が言いたいことを伝えられる箇所）に限定する。

3-2　引用する意図をきちんと説明する

学術書を読んでいたら分かると思うが、他人が書いた文章を一文字も引用していない本や論文というのは存在しない。そして引用した場合は、引用箇所の前後に何らかの説明が付け加えられている。「……(著者) は、……を……と分類している／説明している」、「……(著者）によれば、……は……ということである」などなど。同じ人が書いた本を何カ所も引用することになっても、他の人が書いたものを利用する場合は、その都度、誰が書いたのかについて明示しなければならない。

3-3 引用元を示す

そして、本や論文を引用したときには、引用した文章の直後に［著者名字，出版年：引用頁］を入れて、文献リストに引用した本や論文の書誌情報を記載する。本や論文の中で引用してある箇所を自分も引用したいと考えたとき、「［著者名字，出版年：引用頁］から重引」と註に付ければ良い。けれどもできる限り重引は避け、引用されている本や論文に直接あたるべきだ。他人が引用した文章は、他人の視点や他人の書いた文脈によるものだから、もともとオリジナルな文章が書かれた文脈とは異なる場合もあるからだ。

日本の著書	［著者名字，出版年：引用頁数］
邦訳文献	［著者名字，原著出版年＝邦訳著：引用頁数］
日本語以外の文献	［著者名字，出版年：引用頁数］

★例１　文中で直接引用する場合

C. マラッツィは、流通・消費過程においてクレジットカードやバーコードが普及したことが「供給と需要、生産と消費の関係を逆転させた格好の一例である」［Marazzi, 1999=2009:16］とし、企業は「流通販売の瞬間が消費者の情報データ収集の場所となり、そのおかげで、物品サービスの大量消費を個別のニーズに合わせる」［Marazzi, 1999=2009:16］ように分析出来る、と指摘する。

★例２　引用箇所の内容を自分でまとめて示す場合

フランスの映画作家・革命思想家ギー・ドュボールによれば、現代社会においては、「生の全体がスペクタクルの膨大な蓄積として

現れ」、「かつて直接に生きられていたものはすべて、表象のうちに遠ざかってしまった」という。人々は演出されたイメージ（表象）によって振りまわされることになる［Debord, 1967=2003:16］。

3-4　書き上がった文章を見なおす

論文が書き終わったら、誰か他の人たちに読んでもらおう。そうすれば、自分では気づかなかった「間違い」を含めて「説明が不充分な箇所」を発見できることは多い。友だちがいない人もいるだろうから、同じ演習で卒論を書いている者同士が交換して読み合い、互いの不十分な点に突っ込みをいれるというやり方が良いだろう。卒論の場合は、最終的に大学の教員に読まれて評価されるということが前提だから、自分と同じ学生さえも納得させられない中味だと、卒業の見込みはないだろう。

4　文献表示の仕方と文献リストのまとめ方

論文でもレポートでも、引用した書籍・論文・雑誌・新聞・ウェブサイトなどの出典を明記しなければならない。日本の著作権法（32条）では、引用は以下のように定義されている。

1　公表された著作物は、引用して利用することができる。この場合において、その引用は、公正な慣行に合致するものであり、かつ、報道、批評、研究その他の引用の目的上正当な範囲内で行われるものでなければならない。

2　国若しくは地方公共団体の機関又は独立行政法人が一般に周知させることを目的として作成し、その著作の名義の下に公表する広報資料、調査統計資料、報告書その他これらに類する著作物は、説明の材料として新聞紙、雑誌その他の刊行物に転載することができる。ただし、これを禁止する旨の表示がある場合は、この限りでない。

また、著作から文章を直接引用していなくても、書かれている文章をまとめたりして参照した場合は、参照文献の出典を明記しておかねばならない。

4-1　文献表示の仕方

ここでは、日本社会学会によって推奨されている仕方［日本社会学会編集委員会編，2009，『社会学評論スタイルガイド第2版』］に準じて、それを簡易にした形で、文献表記の仕方を示してみよう。この方法は、本文中の該当箇所に、省略した記号を使って文献名を指示し、その記号に対応する参考文献を、レポートや論文の末尾に文献リストとして、まとめて掲示する仕方である。

4-1-1　文献リストの書き方

1）日本語文献の場合

引用した文章の末尾に［著者名字，出版年：引用頁］を記す。

★引用の示し方の例

結局よく言われることではあるが、死を人は経験することはなく、観念する。そうやって観念しながら、あるいは観念してしまう

からこそ、人はおおく死を恐れ、その除去や軽減を求める。[立岩，2018:43]

a. 書籍（単著）の場合

末尾の文献リストに【著者名，出版年，『本のタイトル』出版社】を記す。注意しておかなければならないのは，書籍のタイトルは必ず二重括弧『　』で括る。

★文献リストの例 ―――――――――――――――――――――――

立岩真也，2018，『不如意の身体――病障害とある社会』青土社

b. 書籍（共著・編著）にある一論文を引用する場合

末尾の文献リストに【著者名，出版年，「引用した章のタイトル」編者名『書名』出版社名】を記す。引用した章のタイトルはカギ括弧「　」で、書名は二重括弧『　』で括る。

★文献リストの例 ―――――――――――――――――――――――

松沢呉一，2018，「法規制は誰のためにあるのか――セックスワークをめぐる法の歴史と議論」，SWASH 編『セックスワーク・スタディーズ――当事者視点で考える性と労働』日本評論社

c. 論文の場合

末尾の文献リストに【著者名，出版年，「論文のタイトル」『雑誌名』巻数－号数（通巻号数）】を記す。論文タイトルはカギ括弧「　」で、雑誌名は二重括弧『　』で括る。

★文献リストの例 ――――――――――――――――――――

中根光敏 , 2015,「第三波珈琲流行と地方のコーヒー文化」『コーヒー文化研究』22

d. 新聞記事の場合

・署名のない記事の場合

記者の署名が入っていない通常の記事からの引用は、註番号を付けて、註に【『新聞名』年月日（朝夕刊の区別／地方名)】を記す。

★引用の示し方の例 ――――――――――――――――――――

註20）『中国新聞』2018年5月8日付け夕刊

・記者などの署名が入った記事の場合

署名の入った記事からの引用は、引用末尾に【著者名字、出版年】を付し、末尾の文献リストに【著者名, 出版年,「記事タイトル」『新聞名』年月日（朝夕刊／地方名)】を記す。

★文献リストの例 ――――――――――――――――――――

後藤繁雄, 2017,「美しい本」『日本経済新聞』2017年10月8日付け朝刊

2）外国語文献の場合

a. 翻訳本からの引用の場合

原著を参照せずに、翻訳本から引用した場合は、引用の末尾に【著者ファーストネーム, 原著出版年＝訳書出版年：訳書頁】を記す。そして末尾の文献リストに、【著者（ファーストネームから),*原著書名*（イタリック体もしくは下線を付す), 原著出版社名（＝

邦訳出版年，訳者名『邦訳書名』出版社名)】を記す。原著を参照した場合でも、翻訳本の日本語をそのまま引用に用いた場合も同様にする。

★引用の示し方の例

貧困層にとって、大規模な騒乱、暴動、自然発生的な犯行は、常に最も効果的な政治的手段であり続けてきた。[Scott, 2012=2017:22]

★文献リストの例

Scott, James C., 2012, *Two Cheers for Anarchism, Six Easy Pieces on Autonomy, Dignity, and, Meaningful Work and Play*, Princeton University Press.（= 2017，清水展ほか訳『実践 日々のアナキズム——世界に抗う土着の秩序の作り方』岩波書店）

b. 外国語著書・論文からの引用の場合

外国語著書・論文を参照した場合は、引用の末尾に【著者のファーストネーム，出版年：引用頁】を記す。また、文章をそのまま引用する場合は、自分で訳す。そして末尾の文献リストに原著者名（ファーストネームから)，出版年，*著書名*（著書名はイタリック体）／“論文タイトル”（論文タイトルは“ ”で括る)，*雑誌名*（イタリック体もしくは下線を付す)，巻数号数】を記す。

★引用の示し方の例

参与観察の方法論は、人間存在に関係する広範囲にわたる学術的な問題に適している。(中略) 参与観察法は、ある現象や一連の諸現象に関する徹底的な説明や分析に専念するケース・スタディの一

形態として、一般的には用いられている。[Jorgensen, 1989:23]

★文献リストの例

Boelen, W.A. Marianne, 1992, “Street Corner Society：Cornerville Revisited”, *Journal of Contemporary Ethnography*, 21-1.

Jorgensen, L. Danny, 1989, *PARTICIPANT OBSERVETION : A Methodology for Human Studies*, Sage Publication.

3）ウェブページ・ブログなどウェブサイトの場合

ウェブサイトを参照した場合は、引用の末尾に［著者名／サイト名，最終更新年，タイトル，ウェブサイト（ブログ）名，取得日，URL］を入れ込む。文献リストに入れる必要はない。アップロードされたファイルの場合も同様にする。

★引用の示し方の例

日本社会学会編集委員, 2009,『社会学評論スタイルガイド』第2版, 2017年8月11日取得、http://www.gakkai.ne.jp/jss/bulletin/guide.php

ウィキペディア，2016，「美味しいコーヒーの真実」，2017年8月11日取得、https://ja.wikipedia.org/wiki/%E3%81%8A%E3%81%84%E3%81%97%E3%81%84%E3%82%B3%E3%83%BC%E3%83%92%E3%83%BC%E3%81%AE%E7%9C%9F%E5%AE%9F

4-2　文献リストのまとめ方

文献リストは、名前を姓＝ファミリーネーム、名＝ファーストネームの順にして、日本語文献も著者名をローマ字読みにして、アルファベット順に並べて表記する。また、同一著者が同じ年に複数

の文献を発表し、それらを引用・参照した場合は、発表年の後にａ，ｂ，ｃ，……をつけて、文献の区別ができるようにしておく。

★文献リストのまとめ方の例

文献

Boelen, W.A. Marianne, 1992, “Street Corner Society：Cornerville Revisited”, *Journal of Contemporary Ethnography*, 21-1.

後藤繁雄，2017，「美しい本」『日本経済新聞』2017年10月8日付け朝刊

Jorgensen, L. Danny, 1989, *PARTICIPANT OBSERVETION: A Methodology for Human Studies*, Sage Publication.

河口和也，2018，「クィア・スタディーズの視角」風間孝・河口和也ほか『教養のためのセクシュアリティ・スタディーズ』法律文化社

風間孝・河口和也，2010，『同性愛と異性愛』岩波書店

松沢呉一，2018，「法規制は誰のためにあるのか —— セックスワークをめぐる法の歴史と現在」SWASH編『セックスワーク・スタディーズ —— 当事者視点で考える性と労働』日本評論社

中根光敏，2015，「第三波珈琲流行と地方のコーヒー文化」日本コーヒー文化学会編発行『コーヒー文化研究』22

中根光敏，2018a，「島根県浜田市における〝コーヒーの薫るまちづくり〟と第三波珈琲流行」——「ヨシタケコーヒー」と「ソウル・台湾のカフェ文化」を中心として」中根光敏・今田純雄編『グローバル化の進行とローカル文化の行方』いなほ書房

中根光敏，2018b，「グローバルとローカルの協奏 —— ベルリンと

ライプツィヒのカフェ文化」中根光敏・今田純雄編『グローバル化の進行とローカル文化の行方』いなほ書房

中根光敏, 2018c,「インドネシアのコーヒー文化 —— スマトラ島（タケンゴン・リントン）とジャワ島（ジャカルタ）を中心として」中根光敏・今田純雄編『グローバル化の進行とローカル文化の行方』いなほ書房

野村浩也, 2005,『無意識の植民地主義 —— 日本人の米軍基地と沖縄人』御茶の水書房

Scott, James C., 2012, *Two Cheers for Anarchism, Six Easy Pieces on Autonomy, Dignity, and, Meaningful Work and Play*, Princeton University Press.（= 2017, 清水展ほか訳『実践 日々のアナキズム —— 世界に抗う土着の秩序の作り方』岩波書店）

田中慶子, 2013a,「搾取される笑顔 —— 日雇い制派遣イベントコンパニオンのジェンダー化された感情労働を事例として ——」『Core Ethics』9

田中慶子, 2013b,「労働のフレキシブル化に関する一考察 — 日雇い派遣イベントコンパニオンの労働現場を事例として —」『日本労働社会学会年報』24

田中慶子, 2014,『どんなムチャぶりにも、いつも笑顔で?!— 日雇い派遣のケータイ販売イベントコンパニオンという労働』松籟社

立岩真也, 2018,『不如意の身体 —— 病障害とある社会』青土社

山里裕一, 2013,「J ポップカルチャーの諸相」中根光敏・今田純雄編『グローバル化と文化変容』いなほ書房

著者略歴

田中慶子（Tanaka Keiko）

広島修道大学人文学部教授

立命館大学大学院先端総合学術研究科先端総合学術専攻（公共領域）博士課程修了〔博士（学術）〕を経て現職

専門分野：感情労働論、感情社会学、応用社会学

主著・論文

田中慶子，2014，『どんなムチャぶりにも、いつも笑顔で?!――日雇い派遣のケータイ販売イベントコンパニオンという労働』松籟社

田中慶子，2013，「労働のフレキシブル化に関する一考察――日雇い派遣イベントコンパニオンの労働現場を事例として」『日本労働社会学会年報』24

田中慶子，2015，「うつ病という労働災害の登場――電通過労自殺裁判において精神医学的知識が果たした役割」『広島修大論集』56-1

田中慶子，2019，「消費される女性労働――日雇い派遣イベントコパニオンを事例として」『解放社会学研究』32

中根光敏・山里裕一・田中慶子，2022，『グローバル化と生活世界の変容』いなほ書房

中根光敏（Nakane Mitsutoshi）

広島修道大学人文学部教授

関西大学大学院社会学研究科産業社会学専攻博士後期課程単位取得退学、関西大学経済・政治研究所委託研究員、日本学術振興会特別研究員を経て現職

専門分野：現代社会論、消費社会論、産業社会学

主著

中根光敏，2014，『珈琲飲み――「コーヒー文化」私論』洛北出版

中根光敏，2007，『浮気な心に終わらない旅を――社会学的思索への誘惑』松籟社

中根光敏，1997，『社会学者は２度ベルを鳴らす――閉塞する社会空間／熔解する自己』松籟社

中根光敏・山里裕一・田中慶子，2022，『グローバル化と生活世界の変容』いなほ書房

中根光敏・今田純雄編，2018，『グローバル化の進行とローカル文化の行方』いなほ書房

社会学《しゃかいがく》する原動力《げんどうりょく》

2019年3月15日初版発行
2023年9月15日第2刷発行

定価はカバーに表示しています

著　者　田中慶子
中根光敏
発行者　相坂　一

〒612-0801　京都市伏見区深草正覚町1－34

発行所　㈱ 松　籟　社
SHORAISHA（しょうらいしゃ）

電話：075-531-2878
FAX：075-532-2309
URL：http://shoraisha.com
振替：01040-3-13030

装　幀　竹中尚史
カバー写真　knowlesgallery
印刷・製本　モリモト印刷（株）

Printed in Japan

ISBN 978-4-87984-372-2　C0036

広島修道大学テキストシリーズ